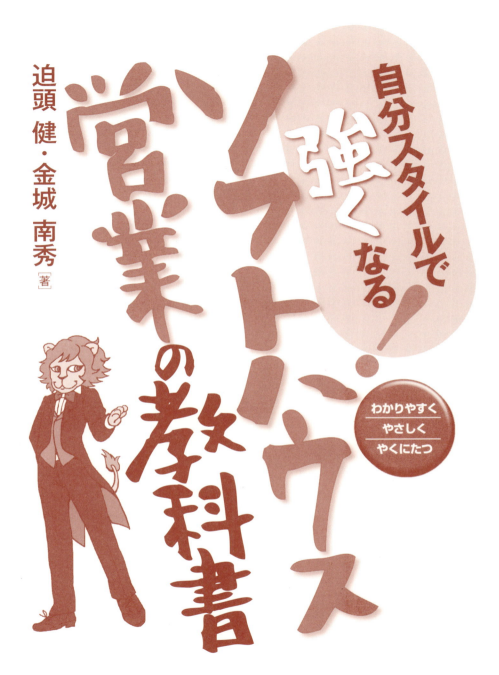

はじめに

　数ある書籍の中からこの本を手に取って頂けたこと、誠にありがとうございます。

　今までたくさんの営業ノウハウに関する書籍があったかと思います。そのいずれもがどこかの業界の「天才」によって書かれたものではなかったでしょうか？

　この書籍はいわゆる「凡人」が書いた書籍です。天才的な能力があるわけではなく、コツコツと毎日工夫をしながら営業している、そんなありふれたソフトハウスの営業マンが奮闘して書いた書籍です。

　今まで書籍としてほとんど紹介・説明されることがなかったソフトハウスの営業について、ソフトハウスとは何なのかといった簡単な業界の説明、ソフトハウスとしての営業の心構えやルール、法律、テクニックなどについて詳細に紐解いて解説し、ソフトハウスの営業マンにはすぐに使えるエッセンスとして、IT エンジニアには意外と知らない営業の世界について、また他業界の様々な方にも読んで頂いてなるほどとうなずいて頂けるように、各項の構成を考えて執筆しております。

　営業のスタイルは十人十色ですからこれが正解というものはありません。しかしながら成功者と呼ばれる営業マンには少なからず共通項はありますし、良いマインドを持っています。ご自身が考えている、イメージする営業スタイルの助けになる、そんな書籍になることを願っております。

　この本の執筆にあたっては著者の二人がある想いを持って取り組みました。

　後ほど説明しておりますが、著書の二人は同業他社のライバルの営業マンです。

　2013 年　春、いつものように情報交換をするべく会ったときの、ある

会話から始まりました。

　著者 金城：「最近何か面白い本とかタメになる本ってありました？」

　著者 迫頭：「この前○○って本読んだよ。あれはなかなかよかったよ。」
「しかし最近思うんやけど、僕らが読んでる営業のノウハウ本って生保や不動産のトップセールスマンが出しているのがほとんどやけど、なぜ僕らの業界の営業本ってないんやろね。あるのかもしれんけど見たことがない。IT業界、特に僕らがいるこのソフトハウスの営業ってのも、なかなか奥深いところもあって面白いんやけどね。」

　金城：「じゃあ、僕らで本を書きます？　最終的に本を出すために、まずブログでもやりますか？」
　スタートはこの言葉からでした。

　迫頭：「営業マンとして本を出して、毎朝聞いているラジオ番組に出演できたりしないかな。」

　最後の話はほとんどネタみたいな話ですが、私は大のラジオファンなので大真面目だったりします。

　すぐにブログを立ち上げて1週間毎にアップを始めました。TwitterとFacebookで拡散し、知り合いの営業さんに読んでもらったりして意見を募りました。
　継続していくうちにアクセス数もそれなりの数になってきたので、書籍執筆のために企画書を書き出しました。
　そこからは苦悩の連続。企画書を色々な出版社に出せども出せどもNG回答。紆余曲折を経て、日刊工業新聞社様と出会い、書籍編集部の鈴木様のご指導の下、ここに至ったのです。

他愛のない会話から書籍出版の旅は始まりました。
　そして今までの経験や自論を整理しました。あんなこと、こんなことがあったなと振り返りながら、丁寧に整理してまとめました。まだまだ学ぶことが多い二人ですが、私たちにしか書けないことや経験があります。これからソフトハウスの営業マンとして働かれる方、すでにソフトハウスに勤めながら日々奮闘している方、色々な方がこの本を手に取って頂いていると思います。
　営業マンは十人十色。正解はありません。私たちのエッセンスを少しでもご活用頂けると幸いです。

自分スタイルで強くなる！
ソフトハウス営業の教科書　目次

はじめに……………………………………………………………………………… i

序　章　ソフトハウス営業って何？　どんな仕事？
1　システム開発会社の分類の一つ、ソフトハウス ………………………… 2
2　IT業界はゼネコン体質 ……………………………………………………… 5
3　ソフトハウス営業とは ……………………………………………………… 8
4　営業の心構え ………………………………………………………………… 11
5　門戸が広いソフトハウス業界 ……………………………………………… 15
6　悩めるソフトハウス営業マンへメッセージ ……………………………… 16

第1章　準備からアポイント取得
1　ソフトハウス営業の新規アポイントの種類 ……………………………… 26
2　ベーシックな新規アポイントの方法 ……………………………………… 27
3　問い合わせを貰う仕掛け作り ……………………………………………… 33
4　アポイント取得後、訪問までの準備 ……………………………………… 35
5　キーワードを覚える（Java、C++、PHP、etc...） ……………………… 39
6　ソフトハウス営業の一週間・一日のスケジュール例 …………………… 46

第2章　訪問してから実際にお客様と会う
1　ソフトハウス営業の身だしなみ …………………………………………… 56
2　ソフトハウス営業は意外と営業マナーを知らない ……………………… 60
3　経歴書を見せる、案件情報を送る ………………………………………… 64
4　約束を取りつける …………………………………………………………… 69
5　会社としてよりも人・個人としての信頼 ………………………………… 73
6　営業は人に会う仕事 ………………………………………………………… 76
7　新規は無理してでも顔を合わす …………………………………………… 78
8　相手の気持ちを考える ……………………………………………………… 80

第3章　訪問後のお礼から契約、法律について
1　訪問後のお客様へお礼 ……………………………………… 88
2　派遣契約・準委任契約・請負契約 ………………………… 95
3　ソフトハウスが知るべき法律について …………………… 99
4　契約の業務フロー（見積書・注文書・基本契約書）……… 105
5　労働者派遣個別契約書作成の上で確認すべき内容 ……… 109
6　事務員などへの気配り ……………………………………… 116
7　自社他社問わずコミュニケーションの重要性 …………… 119
8　訪問後のお客様データベース作成 ………………………… 121
9　契約がなければ営業失格 …………………………………… 123

第4章　営業トラブルへの対応
1　起こりやすいトラブルの種類 ……………………………… 132
2　トラブル対応の基本 ………………………………………… 135
3　ピンチは最大のチャンス …………………………………… 141

第5章　継続からリピート発注、そして紹介獲得
1　エンジニアのフォローと状況確認 ………………………… 150
2　継続的な情報交換「とにかくコミュニケーションを取ること！」… 156
3　品質について ………………………………………………… 159
4　採用活動はソフトハウス営業の生命線 …………………… 162
5　慣れた頃にサボり癖 ………………………………………… 165

第6章　自分スタイルで強くなる
1　自分スタイルの営業の前に ………………………………… 174
2　自分スタイルの作り方 ……………………………………… 175
3　自分スタイルに溺れない …………………………………… 178
4　心を動かす魅力的な営業 …………………………………… 181

おわりに ………………………………………………………………… 185

序　章

ソフトハウス営業って何?
どんな仕事?

1 システム開発会社の分類の一つ、ソフトハウス

「どんな会社で営業しているの？」
「ソフトハウス。」
「ソフトハウスって何？」

　IT業界で勤めている方でなければ、ソフトハウスと言っても通じないでしょう。ソフトハウスとは、システム（ソフトウェア）開発に特化した中小規模の企業を指します。

　ソフトハウスの詳細について語る前に、システム開発会社全般について説明します。
　システム開発会社と言っても多種多様に分類されます。
　「エンド」「メーカー」「ベンダー」「SIer（エスアイアー）」「パッケージ会社」「ベンチャー企業」「ゲーム会社」「派遣会社」、そして「ソフトハウス」。
　システムを開発している会社でも、企業形態によって言い方が変わります。

　私自身、IT業界で営業として働き始めた当初、先方から上記のキーワードで会社説明をされても、さっぱり理解できませんでした。
　例えば、「弊社はまだ歴史も浅い会社ですので、多くはベンダーやエスアイアーからお仕事を頂いています。
　会社からは、メーカーやエンドさんから開発案件を受注できるようにと言われていますが苦戦しています。」
　このような説明を聞いても、業界の方でない限りさっぱりですよね。

　エンドに「さん」をつけるのは関西ならではですが、エンドとはエンドユーザーの略で「システムを実際に使う人」を指します。

では、それぞれについて簡単に説明しましょう。

● エンド

先に述べたように、エンドユーザーの略で「納めたシステムを実際に使う人・企業」を指します。

例えば、経理システムの開発を受注した場合、実際に納めた経理システムを使う会社様から発注を頂いたのならエンドユーザーから受注したことになります。

● メーカー

家電製品・産業機器など、自社製品を持っている企業を指します。

例えば、テレビの中にもソフトウェアが入っています。テレビを生産しているメーカーからテレビ内のシステム開発を受注した場合が当てはまります。

メーカーの子会社から受注した場合も、メーカーから受注という言葉を使うことがあります。

● ベンダー

ベンダーとは本来「売り手」を意味する言葉であり、IT業界では供給元会社を指します。供給元会社とは、自社開発したソフトウェア製品の販売も行う会社を指すことになりますが、IT業界では大企業に対しとりわけベンダーという単語を使い、中小企業の場合はパッケージ会社という表現を使うことが多いです。

● SIer（エスアイアー）

システムインテグレーション（SI）を行う企業を指します。システムインテグレーションとは、顧客の業務内容を分析し、問題に合わせた情報システムの企画、立案、構築、運用などを一括して行い、プログラムの開発、必要なハードウェア・ソフトウェアの選定・導入、完成したシステムの保

守・管理までを総合的に行うことを言います。ソリューションという言葉が流行っていますが、ソリューションをもう少しシステム寄りにしたイメージです。

●パッケージ会社
　中小企業で自社開発したソフトウェア製品の販売を行う会社を指すことが多くあります。

●ベンチャー企業
　創業後間もない企業であり、尚且つ独自の技術や製品で急成長していく企業を指します。IT業界では、近年「スタートアップ」とも言われるようになっています。

●ゲーム会社
　ゲームを制作している会社を指します。
　システム会社と同じようにプログラミングを行いゲームを開発しますが、システム会社とゲーム会社では働き方や文化が全く違います。

●派遣会社
　IT業界でいう派遣会社とは、登録スタッフを一般派遣で派遣している会社を指すことが多いです。
　ソフトハウスを始めベンダーやSIerでも、派遣契約でエンジニアがお客様先に常駐して開発作業を行うことがありますが、自社の社員を特定派遣で派遣している会社を、IT業界では派遣会社と言うことは少ないです。

●ソフトハウス
　中小規模のシステム会社です。前述の各分類の会社様から発注を頂いてシステム開発をしている会社を指します。

各分類について簡単に説明を書きましたが、どれも定義としては曖昧で、大手企業であれば部署や状況により、エンドユーザーであり、メーカーであり、ベンダーでありSIerであるなど、一つの企業ですがどれでも当てはまることがあります。例えば、NEC（日本電気株式会社）という企業がありますが、NECの基幹システムの開発でしたら開発会社から見てエンドユーザーになりますが、NEC製のパソコンに対しての組み込みシステム開発なら開発会社から見てメーカーになり、NECが他社から受注してきたシステムの開発なら開発会社から見てベンダーになります。

IT業界の皆さんは、実は漠然とした認識で、分類を言葉にしていることが大半だったりします。

ただ、分類についての知識が漠然とでも頭にあるだけで、前述の会社説明も、意味が理解できるようになります。

それでは次に、IT業界の構造についてもう少し詳しく説明します。

2　IT業界はゼネコン体質

ソフトハウスで勤める中、IT業界に対し感じることがあります。

「あ〜、ゼネコン体質な業界だなぁ〜。」と思うのです。

もしかしたら、IT業界に華やかなイメージを持たれている方の夢を崩してしまうかも知れませんが、本書は「ソフトハウス営業の教科書」ですので、詳しく説明しましょう。

エンドユーザーが自社の人事制度に適したシステムが必要になり、新規で開発することに投資するとします。そして、その開発をAというベンダーが請け負ったとします。

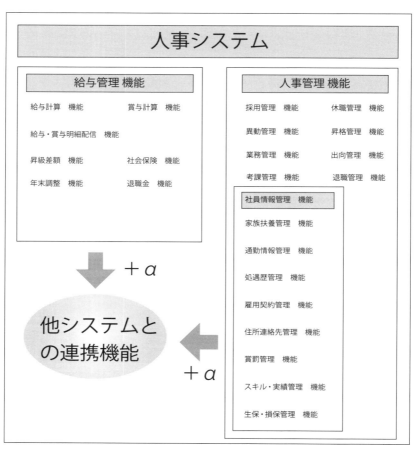

図表 0-1 一つのシステムでも機能はさまざま

人事システムを作るといってもいろんな機能が必要です（**図表 0-1**）。
「社員情報管理」
「給与管理」
「勤務管理」
「昇任昇格管理」
「採用業務管理」
「異動管理（組織改編 / 人員配置 / 人事・身分異動）」

「研修教育管理」
「退職者管理」
etc…

　さて、大企業のシステムともなれば、これら全てを一つの会社で作ろうとしてもエンジニアの人数が足りません。
　そこで、どうするかと言えば、「給与管理」の部分だけを切り分けて他のシステム会社に発注したり、色んなシステム開発会社や派遣会社からエンジニアを集めてくるのです。

　また、「給与管理」部分のシステム開発を請け負った会社がBというSIerだったとします。
　SIerも自社の社員だけではエンジニアの人数が足りない場合、更に給与管理の「給与明細発行」という機能を切り分けてソフトハウスに発注したり、SIerでも色んなシステム開発会社や派遣会社からエンジニアを集めてくるのです。

　このように、元請け業者 – 下請け業者 - 孫請け業者 – 曾孫請け業者と続いていくのは、土木・建築工事と同じで、業界は違えども同じゼネコン体質の業界であるのです。
　もっと言えば、元請け業者は取りまとめや要件定義、設計といった開発にあたる上流部分だけを行い、実際のプログラミングを行う開発作業は、全て発注先の下請け業者にお任せということもあります。

　もう一つ知らなければならないのが、ソフトハウスは各社が競合先であり協業先でもあるということです。

　ソフトハウスの営業マンは開発案件を取ってこなければならないのと同時に、プロジェクトを成功させるために自社のエンジニアが足りなければ

他社からエンジニアの協力を仰がなければなりません。

　同じお客様の仕事を取り合っているかと思えば、プロジェクトで人が足りなければ、その取り合っている会社からエンジニアをお借りすることがザラにあるのです。
　共同執筆している私たちも同じです。別の会社で同じ取引先もありますので、競合先であり受注を巡って戦う相手になることもありますし、開発プロジェクトを成功させるために手を取り合うこともあります。

　そのようなことが起きるのは、エンジニアの人数分しか受注できないという各会社の受注量のキャパシティが決まっていることと、受注できなければエンジニアが待機社員になり、逆に受注できてもエンジニアの人数が足りないと開発できないという関係があるからでしょう。
　IT業界とは一見華やかに見える部分もありますが、意外と泥臭い部分が多くある業界なのです。そんな中でも、ソフトハウス営業マンは楽しい出会いや驚く出来事などを経験し、また営業職ですから営業成績という数字のプレッシャーを感じながら日々働いているのです。

3　ソフトハウス営業とは

　IT業界について知って頂くために前置きが長くなってしまいましたが、ここで、本題のソフトハウス営業について説明しましょう。

　ソフトハウスでの営業の仕事は、大きく分けて三つです。
①自社エンジニアの常駐開発先を探す
②請負での開発を探す
③他のシステム会社からエンジニアを調達する

　もちろん、この三つだけが営業の仕事だという訳ではありません。トラ

ブル対応や採用活動、パッケージソフトを担いで売るなど会社の意向や組織体系によって他の仕事も行います。この三つはソフトハウス営業の一番ベースの営業業務ということです。

そして、その中でも一番多い営業業務は、派遣契約や準委任契約等でエンジニアの常駐先を探す営業になります。

ソフトハウスのエンジニアは、自社内での開発作業よりも、お客様先に常駐し開発作業を行うことの方が多いという事実があります。そのため、実際にIT業界の営業と言いつつも、提案書なんて作ったことがないという方が多くいます。

先のゼネコン体質のお話とリンクしますが、IT業界の構造上、ソフトハウスが中小企業のシステム会社である以上、エンジニアの常駐先を探す営業が多くなるのは致し方ないことであります。

図表0-2で簡単な算数からそれぞれの役割の営業の人数を確認してみましょう。

単純な計算ですが、IT業界の構図の本質を捉えていると思います。

企画提案書を作った営業マンが1名に対し、そこから一部のシステム開発を請負で受注した営業マンが3名、エンジニアを派遣契約などで提案する営業マンが8名になります。

案件の大小はありますが、この結果からも、企画書を作成したり企画書を読んで見積るなどの請負受注での営業よりも、エンジニアの常駐先を探す人材営業の方が多いことがわかります。

これが俗に言う、ソフトハウスの求人によく書かれている営業業務内容の「SES/派遣営業」についての仕事内容になります。

会社規模が小さいソフトハウスでは、ベンダーやSIerとは違い、どうしても企画提案業務よりもエンジニアの常駐先を探す人材営業の方が多く

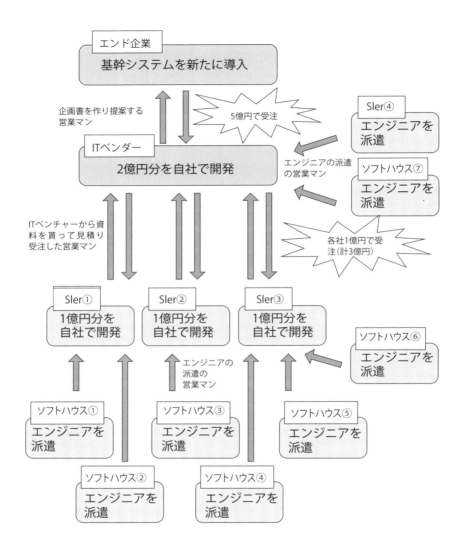

- 企画書を作り受注したITベンダーの営業マン： 1人
- 資料を貰い見積りし受注したSIerの営業マン： 3人（SIer①〜③）
- エンジニアを派遣したSIerの営業マン： 1人（SIer④）
- エンジニアを派遣したソフトハウスの営業マン： 7人（ソフトハウス①〜⑦）

図表 0-2

なります。

　実際にエンジニアの常駐先を探すだけが営業の仕事のソフトハウスも多々あります。ただ、更なる高見を目指しているソフトハウスは、決してそれだけではありません。請負で一括受注してくるソフトハウスもあれば、流行るパッケージソフトやサービスを作ろうと息巻いているソフトハウスもあります。

　ITメーカー、ITベンダー、パッケージ会社、SIer、ITベンチャーになるためにも最初はソフトハウスから始まることがほとんどです。

　その原点となる営業活動が、ソフトハウス営業なのです。

4　営業の心構え

　営業未経験の方は、自分が営業の仕事をしている姿をイメージしながら読んでください。

　さて、営業経験のある方、現営業職の方は、何を思って毎日営業されているのでしょうか。

　中には様々な研修などを会社が用意してあり、心構え的な話をたくさん聞いて、モチベーションを維持していた方も多いのではないでしょうか。どんな業界の営業であろうと、大切な要素ですので、色々な営業系の書籍に腐るほど説明されていますが、ここでもあえて取りあげます。心構えなので正確な形や完璧なモノはありませんが、非常に重要な要素です。

1. 営業の公式

$$技術 \times 情熱 \times 行動 = 成果$$

　使い古された感はありますが、上記の公式は有名なので覚えておいて損はないと思います。

上記の三要素どれか一つが欠けても成果は上がりません。すべてのバランスが整っていることが重要です。しかしあえて言えば、この三要素の中で重要なのは情熱と行動です。それはなぜか？
　突き詰めた話をすると、技術はなくてもなんとかなったりすることがあるからです。
　イメージしてみてください。
　新卒で入ったばかりの営業マンが会社の指示でとりあえず飛び込み営業に出て、ご挨拶して色々な方の名刺を100枚持って帰ってきなさいと言われて、商品知識や会社の強み・弱みもあまり把握せずに、訳もわからずガムシャラに動き続けた結果、ラッキーパンチみたいな営業成績を生むのはまさにこれです。
　「この契約よく取れたな！」なんて不思議が起こります。
　情熱が技術を超えるのです。笑い話みたいなこの話に最大のヒントがあります。

　この三要素よりも、さらに深い部分で何より大切なモノがあります。それは人間性です。
　ソフトウェア業界にいる人は何でもソフトウェアを活用して、効率化を図ろうと考える癖があります。しかしながら、そんな業界の中で一番アナログな存在である営業マンが、ソフトウェア化されず存在する理由はひとえに人間性が必要だからなのです。
　それはなぜなのか？　理由は簡単です。
　どんな人でも意思決定には必ずその人の個人的な感情が介入します。
　人としてどうなのか、非常に大切な要素です。いくら技術があってプレゼンがうまく、交渉術に長けていたとしても、人として愛されない営業マンは苦労します。行動については後ほどゆっくり解説しますが、行動は営業マンとしては当たり前の話です。人に会う数の分だけチャンスが生まれるワケですから行動は必須です。
　誠実で人として愛されることが何より大切だということを忘れないでく

ださい。

2. 前向きに取り組むこと

　優秀な営業マンは必ずポジティブです。素敵な営業マンはみなさんポジティブなのです。

　先程の公式の情熱にあたる部分がこれです。先程も申し上げた通り、非常に大切です。しかしながらこの情熱というのは、常に一定に保つことが非常に難しい代物です。

　今から申し上げることはすごく単純ですが、すごく効果がありますので、素直に読んでください。

　まず愚痴を言わないことです。どんな人間でも多少なりとも愚痴りたいことの一つや二つはあるでしょう。でもそれを言葉にしないことがすごく大切です。実は文句を言ったり不満を言ったりするのは、自分が怒られたり文句を言われているのと同じくらい心に衝撃を受けるそうです。話していることでラクになっていると思う人が多いですが、実は自分の言葉で自分を傷つけているのです。このメカニズムを知っていればほとんど愚痴を言わなくなります。

　また、相手に向かって指摘や批判をする際は、絶対にそれに対して対案を提示することを徹底してください。この対案を出すというワンクッションで人は冷静になります。そしてネガティブな発言はしなくなります。心を矯正することで、すごくラクになりますし、良い方向に物事が運ぶようになります。

3. 行動は雄弁

　営業職はITに限らずどんな分野でも行動は重要です。訪問件数やコンタクトの数です。単純明快なんですが、人に会う数が多いほど必然的にチャンスが多くなります。また数が多ければ経験も増えます。野球で例えるとわかりやすいです。

　打席数が多く、バットを多く振ったほうがヒット数も相対的に増えるわ

けですし、何よりたくさんバットを振ったという自負があれば自信もついてきます。ただ人間は本能的にサボる生き物です。自分にノルマを課してストイックにやっている自分に少し酔うくらいがちょうどよいです。

　行動についてはスケジュール管理のところで詳しくご説明したく思います。訪問件数の目標を決めて行動するとか、当然中身が大切なので一概には言えませんが、そういう単純なことでもすごく効果があります。まずは行動、これがなければ何も始まりません。

　売れている営業マンはバタバタしているイメージをお持ちだと思います。それは間違っていないのです。時代が変わって営業スタイルが変化しようとも、やはり「第一は行動である」と、これは永遠に変わらないでしょう。

技術×情熱×行動　＝　成果

5　門戸が広いソフトハウス業界

　IT企業は大中小合わせて現在（2014年）では、13万社ほどあります。私たちが住む関西で1万社ほど、関東ではその10倍の10万社ほどあります。
　企業数だけで言えば、その大半がソフトハウスで中小企業のシステム会社になります。

　さて、ソフトハウスに勤めるとなると、IT知識が必要かと思いがちですが、実はそうではなかったりします。
　私が出会ったソフトハウスに勤める営業マンの中には、エクセルの関数がわからなくて、しかもワードで書類を一から作ることすらできませんという、ITスキルが一切ない営業マンもたくさんいました。
　そんなITスキルやITリテラシーがない営業マンの中にでも、成績優秀な営業マンがいるのも事実です。

　私が勤める会社では、中途採用で営業の求人を出すときは、業界での経験が必須ではなく、IT知識も問いませんでした。
　採用の基準は、営業経験のみです。
　それは、IT知識のある人に営業を教えるよりも、営業経験がある人にIT知識を教える方が簡単だからです。
　さらに言えば、他の不動産、保険、物販の営業よりはソフトハウスでの営業の方が簡単だと思います。
　お客様もプロジェクトを成功させるために、外注のエンジニアを探しているので、事務機がすでに設置してある企業に事務機を売りに行くよりも簡単でしょう。

　ただやはり、「入社して半年、契約が一つもとれません」などと、結果が残せずに退職していく方が多いのも事実です。

お客様も人です。信用と信頼がある営業担当者から順に声を掛けていくのは必然であり、信用できない営業には声をかけません。
　この営業の仕事のポイントの一つは、どれだけ先方から信用と信頼を得られるかでしょう。

　また、もう一つのポイントが、どれだけエンジニアから信用と信頼を得られるかです。
　エンジニアから信用されない営業マンは、やはり次の案件（常駐プロジェクト）を見つけてきても、エンジニアから無用な抵抗に遭います。

　ソフトハウス営業は、物を売る営業ではなく、人を動かす営業です。
　失礼な言い方かもしれませんが、商品が物ではなく人である以上、『心』があります。
　人から信用と信頼が得られない営業マンは、実績を残せないのが必然でしょう。

　ただ、そんな人と大いに交わる業務だからこそ、いろんな感動があり、いろんなドラマと出会える仕事なのです。

6　悩めるソフトハウス営業マンへメッセージ

　この本を手に取って頂けた皆様は営業マンとしてステップアップしたい、その何かのきっかけになればと思って手に取って頂いている方もいると思います。
　そんな方は、まず現状の自分を把握する必要があります。自分の強みは何か、今までどんなことで褒められたか、他人からの評価を振り返ります。また苦手なことが何か、それもじっくりと分析しましょう。分析手法はた

くさんありますので、どれを用いても問題ありませんが、オススメの方法がありますのでよければご活用ください。

　それは自分が苦手だと思っている方に意見を求めるのです。かなり的確な回答をもらえることが多いです。イメージしてみてください。コミュニケーションを取るのに、できればやりすごしたい上司とか、仕事以外ではコミュニケーションを取ることがほとんどない方、そういう人からこそ良いヒントをもらえたりします。

　理由は簡単です。苦手意識のある人というのは必ず自分にないモノを持っておられるからです。気心しれた人からの甘い言葉で気分を高揚させるのも悪くないですが、そういう厳しい言葉にこそ価値があります。ほとんどの人がそうですが、自分の思っている自分像と、周囲の人から見た自分は必ず乖離しています。まずは自分を知りましょう。

・短所も長所になる

　ご自身の好きじゃない部分を探してください。色々ありませんか？

　今日からはその部分を愛してください。下記のような変換で武器になります。

声が大きい、うるさい	→	元気
おせっかい	→	面倒見がよい
話が長い	→	丁寧な説明
せっかち	→	仕事が早い
がんこ	→	こだわりが強い

などなど、短所と思っていたものが、言い換えるだけで長所に変わります。普通の人なら苦手なことがたくさんあると思います。短所も多いはずです。でもそれは考えようでプラスに転じることが多いです。完璧な人などいないですし、自分の性格・能力に向き合って、それをどう捉えるか、心の持ちようを工夫することで武器が生まれます。

> 例：
> 声が大きくおせっかいで、話が長いかと思いきや意外にせっかちでおまけに頑固。
> 〈最強変換〉
> →　エネルギッシュで面倒見がよく、仕事を丁寧にこなす一方、スピード感もあり、かつこだわりを持っている。

　この一例を考察しても、見る角度を変えるだけで大きく変わります。飛躍した表現ではありますが、良いところを探すように毎日意識するだけで、必ずご自身にも変化が見られるはずです。また対人関係でも良い効果が出ます。お金が掛かる取り組みではないので、一度騙されたと思って実践してみてください。

・行動力をアップ

　先程の項でも前述しましたが、営業マンなので動き回りましょう。これは絶対です。何もしなければ何も起きません。動き回ってから考えるくらいがちょうどよいです。お客様から仕事を受注するのが営業の目的なので、解決法はお客様が持っています。

　ただそうは言っても訪問先に限りがある営業マンが多いのも事実です。会社に特色がなく、特段セールスポイントがないソフトハウスも少なくありません。しかしその訪問先を作るのも営業マンの仕事です。

　方法はたくさんあるはずです。突撃訪問いわゆる飛び込み営業、テレアポ、紹介、色々なイベントに参加する、考え出せばかなりあります。会社にセールスポイントがなくても営業マンが面白ければ会ってもらえます。人と同じことをしなければそれも特色になります。

　あまりオススメではありませんが、極論として飛び込み営業もインパクトを残すという一点であれば、この業界で飛び込み営業をする営業マンはかなり少ないはずなので、意義はあるかと思います。効果的なのかどうか

は別としてそういう思想、取り組みが大切だと思います。後述で飛び込み営業については否定していますが、人がしないことを実践する、差別化を図ることはよいことです。

またこんな名言があります。この名言は営業マンにはすごく刺さるものだと思います。

「情熱があるから行動できるのではなく、行動するから情熱が噴き出してくる（岡本太郎）」

まさにそういうことだと思います。動いている間に情熱が湧いてくる。動き回っていると実感できます。是非やってみましょう。

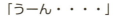

・悩みの種を特定する

　前述した内容の続きになりますが、営業マンの悩みは結局のところ、やはり数字です。数字の上がっている営業マンで悩みがあるとすれば、刺激のない仕事でモチベーション維持が難しいといったことや、またはお客様ではなく社内のチカラ関係とか、そういう本業と少し離れたところにあるでしょう。そういう方は社内政治を円滑に進めるようなノウハウ本が巷に出回っていますので、そちらを参考になさってください。

　話が横道に逸れてしまいましたが、数字をまず作るためにどうするかを考える必要があります。それをこれからエピソードを交えて解説していきます。その前にポイントを挙げてこの章を閉じます。

　心構えでも書きましたが、情熱、行動、知識の三つが大きな柱です。気持ちよく仕事ができているか、気持ちが曖昧でついついサボっていないか、時間がないと言い訳をして勉強を怠っていないか、などなどたくさんありますが、読み進めていく途中で気になるワードがあったときは、メモしてもらったり、ドッグイヤー（ページの端を三角に折る）してもらったりして、いつでもそのワードだけを簡単に見返せるようにしてください。

COLUMN

思わぬ出会いから

　数年前のエピソードですが、私の心にとても残っているので取り上げます。営業マンって楽しいな～ってなるようなお話です。

　サラリーマンは毎朝だいたい同じ時間に家を出て、同じ時間の電車に乗り、同じ時間に会社に着く。みなさんそんな感じだと思います。そんな中でのエピソードです。

　自分のオフィスに向かうエレベーターで毎朝一緒になるＳさんという方がいらっしゃいました。毎朝顔を合わすので自然と軽く会釈をする、他愛のないお天気の話をする。ご家族のお話などさまざまなショートエピソードをお聞きしては楽しく会話していました。

　ビル付近でお見かけすれば会釈をし、たまに短かな雑談をする。そんな感じが数ヶ月続いたと思います。おそらくどこにでもある、誰にでも経験のあるありふれた人間関係だと思います。

　そして転機は突然現れます。またいつものように出勤途中のエレベーターでお会いした際に唐突に質問をされました。

　「あなたはどんな仕事をしているの？」

　手短かにソフトウェアの開発をしている旨を説明させて頂き、いつものようにエレベーターで別れました。そして直後にある面白い出来事が起こります。その日いつもと変わらず仕事をしていると内線がなりました。

　事務員Ａさん：
　「Ｓさんって方が受付にいらしてますが・・・」
　私：
　「うん？　Ｓさん？　この時間アポイントないんだけど。」

　そのときはすぐに誰だかわからなかったですが、ワンテンポ遅れて

から

「ひょっとして・・・」

受付に出てみるといつものＳさんがいらっしゃいました。

私：「突然どうされました？」

Ｓさん：「先程お話しした時にソフトウェア開発の会社とお聞きしたので、もしご迷惑でなければ弊社のシステム部をご紹介させて頂きますがどうでしょうか？」

私：「えっ？（心の中は？？？だらけ。）」

私：「お役に立てるかどうかわかりませんが是非お願い致します。（断る理由がない。）」

Ｓさん：「では少しこちらでお待ち頂けますか？」

私：「はいっ」

と言って数分待っているとＳさんが担当者らしき人を連れてこられました。

Ｙさん：「はじめまして。株式会社○○のＹと申します。」

いつも通り名刺交換をし、ふと役職を見てみると、部長と書かれていました。

ココロの声：「え～っ！めっちゃおエライさん。」

挨拶した後に立ち話をしていたら、

Ｓさん：「あとのことはよろしく。」と先に帰られました。

手短かに御礼を申し上げ、Ｓさんにも後日改めてご挨拶に伺いさせてくださいと告げ、その日はそれで終わりました。

いきなり何が起こったのかよくわからないうちにことが進み、また結果的には取引に至り、今でも継続的に取引が続いています。

今回のお話は何が驚きだったかというと、後々知ったことですが、Ｓさんは言わば天下りで嘱託という形でお仕事されていたのですが、元々、日本最大手のある業界のメーカーにいらっしゃって、定年退職

後、取引先だった会社に影響力を持ってご入社されていたとのことでした。
　なのでいきなり権限のある部長クラスの方を私のような若輩者にでも簡単に引っ張ってこれたようです。またその会社様は、こちらもある事業領域では国内シェアナンバーワンの大きな会社でした。
　本当に何が起こるかなんて誰にもわかりません。

　その後になぜご紹介頂けたかについて質問したことがありました。そのときの内容を今だに覚えています。
　その方は以前お勤めの会社で営業職をなさっていて、営業に精通した方でした。Ｓさんが言うには、今も昔も自分は周りの方々に助けられて生きてきた。年齢も69歳になり、あと残り少ない社会人人生の中でいろんな方にどんな形でもよいので恩返しをしたいと考えている。そういう考えの中でご紹介したまでですと。
　Ｓさんはその後1年も経たない間に70歳になられ、ご退職されました。その後の交流がありませんので今はどうされているかわかりかねますが、その経験がもとでかなり微力かもしれませんが、私も利益なしにいろんな方をいろんな形で紹介することにしています。そしていつか私もＳさんみたく寛大な心で仕事ができるくらいの人材になりたいと思っています。
　話が横道にそれてしまいましたが、要するにどこでどんなコトが起こるかなんてわからないのだから、どんな人に対しても決してエラそうにしたりとか、横柄な態度はとってはいけないということです。
　採用面談でお越し頂いた方が、明日には取引先のエライさんなんてコトも絶対ないとは言えませんからね。
　私の教訓はできるだけ頭（コウベ）は垂れていたほうがよいですよということです。

「挨拶は最強の営業ツール」

第1章

準備から
アポイント取得

1 ソフトハウス営業の新規アポイントの種類

　ソフトハウスの営業に限らず、新規アポイントの方法はどの業界でも似通っています。
　営業の新規開拓方法は、定番が幾つかあります。

①飛び込み営業
　約束なしに会社の受付から訪問する方法です。

②テレアポ（テレマーケティング）
　電話でアポイントを入れ訪問する方法です。

③DM（ダイレクトメール）
　郵送でパンフレットや葉書をお送りし、問い合わせを誘導したり、その後のテレアポにつなげる方法です。

④電子メール
　問い合わせフォームから、アポイントを入れる方法です。

⑤交流会に参加
　交流会に参加し、その場で名刺交換を行い、後日訪問する方法です。

⑥紹介、コネクション
　お客様から別のお客様をご紹介頂いたり、知り合いづたいで紹介頂きアポイントを入れる方法です。

⑦展示会
　展示会では、出展者としても来場者としても、ブースに足を運ぶことに

より多くの名刺を集めることができ、その後、名刺を頼りにアポイントを入れることが可能です。ただし、出展する側と来場する側とでは、大きく違いがあります。

⑧ **有名になること**

会社としても個人としても有名になり、問い合わせを誘導し、先方からのアポイントの依頼をしていただく方法です。

営業ノウハウ本やWEB上で書かれているのは①〜③の飛び込み営業、テレアポ、DMについてが多いように感じます。

実際の私の営業では、④〜⑧も含め、上記八つの方法を駆使することで結果を残しますが、ソフトハウス営業として向き不向きがあります。現在、私が営業としての数字を上げている大半は、⑥の「紹介」と⑧の「有名になること」です。ただし、ソフトハウスに転職して最初から紹介や、先方からの問い合わせで営業成績を残せたわけではありません。

営業としての立場や経験によっても、使える手法が変わってきます。

まずは、ベーシックな新規アポイントの方法から学んでいきましょう。

2　ベーシックな新規アポイントの方法

一般的な営業職のベーシックなアポイントの方法と言えば、「飛び込み営業」「テレアポ」「DM」と答える方が多いでしょう。

ただし、私が社会人になった10年前でしたら「その通り」と納得できますが、時代の流れにより、今は必ずしもそうではありません。

例えば、「テレアポ」だと受付を突破できずに断られても、ここまでパソコンが当たり前になった時代でしたら、問い合わせメールからリターンを貰えることもあります。

さて、ソフトハウス営業には、大きく二種類の目的があります。
「エンジニアの客先常駐による開発作業先を見つける」ことと「請負（うけおい）による持ち帰り・受託開発できる案件を見つける」ことです。
※ソフトハウス営業の中には、パッケージ会社の営業は含んでおりません。

ただ、二種類のうち特に「エンジニアの客先常駐での開発作業先を見つける」営業業務の方がソフトハウス営業としてはプライオリティが高くなりますので、そちらを中心に説明していきます。

まず、ソフトハウス営業に「飛び込み営業」は向きません。コンシューマ向けの営業や、業種が関係なく、全企業が対象のような物販でしたら有効でしょうが、ソフトハウス営業はターゲット企業や部署が決まっています。
もう少し詳しく説明しましょう。
「エンジニア常駐での開発作業先を見つける」場合、営業先が以下になります。

・メーカーでシステム開発を行っている部署もしくは外注先を管理している部署
・ITベンダーのシステム開発を行っている部署もしくは外注先を管理している部署
・SIerのシステム開発を行っている部署もしくは外注先を管理している部署もしくは営業
・パッケージ会社のシステム開発を行っている部署もしくは外注先を管理している担当者
・ITベンチャーのシステム開発を行っている部署もしくは外注先を管理している担当者
・ソフトハウスのシステム開発を行っている部署もしくは営業

企業規模が大きくなればなるほど、購買部などの外注先を管理している

部署があり、小さくなれば部署ではなく開発部の管理職が担当していたり、別の業務を抱えながら担当している人が一名いたり、営業マンが営業しながら外注先を管理していることが多くなります。

飛び込み営業が向かない理由の一つとして、大手のメーカーまたはメーカー子会社の場合、大きな工場敷地内に建屋がたくさんあり、敷地内に会社がたくさん入っていることが多々あります。飛び込み営業をしたくても、まずは守衛さんがいて敷地内に入れないでしょう。大手メーカーの場合は、どこの部署の誰と何時に待ち合わせかを伝えないといけないため、門前払いがほとんどです。

また、飛び込み営業が向かない別の理由としては、お会いする相手も営業職の場合が多くあるからです。要は、会社に不在のことが多いのです。テレアポでしたら、不在でも「何時にお戻りになりますか。」と聞き、帰社する頃に掛け直したらすむ話ですが、飛び込み営業の場合は、不在だった場合、移動時間がそのまま無駄になってしまいます。

また、DMについても商品があるわけではないので、パッケージ会社なら有効でしょうが、お客様の要望から開発するという無形商材を扱うソフトハウス営業には向きません。

残る「テレアポ」が、ソフトハウス営業のベーシックな営業となります。

先方の会社に電話を掛け、担当者につないで貰います。どこの会社に電話してもまずは、大半が事務員の方が出ますので、事務員を突破し担当者に繋いで貰う事が第二関門です。

あれ、第一関門が抜けました。テレアポする前に二つの大事な準備があります。「準備」が第一関門です。

先にお伝えしたとおり、ソフトハウス営業のテレアポ先のターゲットは基本的に決まっています。いかにテレアポ先の数をピックアップできるかが非常に大事なポイントです。

例えば、TBSテレビの「日立 世界ふしぎ発見！」という番組をご存じ

でしょうか。そこで流れるCMに「この木なんの木」の音楽と一緒に日立製作所をはじめ日立グループの会社名が表示されます。日立グループの企業数は多く、連結子会社でも900社を超え、持分法適用会社まで含めれば1000社を超えます。もし、上司から「日立にテレアポしろ」と言われた場合、日立と一括りに言ってしまえば日立製作所の一社のみになりますが、日立グループで考えた場合、その中で地域とシステム開発を行っているという条件で絞り込んでも、テレアポ先としてはたくさんあります。

　一社一社のホームページを調べていくと、場所やシステム開発に関連するかどうかはたいていわかります。

　このようにテレアポ先をたくさんピックアップしていきます。

　リストアップが完成したら、「テレアポ」開始です。と言いたいところですが、パソコンが当たり前になった時代に、システム開発に関連する部署をターゲットにして、それがベストとは言えません。

　では、どうするかと言いますと、先にも少し触れましたが問い合わせフォームから先にメールを入れるのです。

　メールでしたらURLなども記載しておくことが可能ですので、アピールできる開発実績ページなどがありましたら、電話と違い簡単にお伝えすることが可能です。

　書き方次第では、予想以上に担当者からのリターンがあります。

　ただ、全部が全部リターンがあるわけではないので、問い合わせフォームよりメールをお送りし2日程リターンがなければテレアポをします。テレアポの際も「2日前に問い合わせフォームよりメールをさせて頂きましたが」というトークを挟むことも可能になります。

　後は、問い合わせからのメールスクリプトもテレアポ時のトークスクリプトも改良を続け、どのようにすれば担当者に転送や繋いで貰えるか、またどのようにすれば担当者に「一度会って話を聞くぐらいなら」と思われ

るかを考え続けることが大事になってきます。

　メールの書き方やテレアポの仕方は、それ専門の書籍や、WEBで検索するとたくさんの情報がありますので、本書では割愛いたします。
　一つだけコツをお伝えすると、かた苦しくならず柔らかいトークを心掛けることです。

　もう一つ、ソフトハウス営業のベーシックな新規アポイント取得方法がございますので、ご紹介しましょう。それは、展示会に足を運び名刺集めをすることです。
　ソフトハウス営業経験が長くなれば、どの季節にどんな展示会があるか把握できますが、新人の間は、どうやって展示会開催を見つけるかわからないものです。WEBで検索することもできますが、意外と調べることが難しいです。
　例えば、「関西で行われるソフトハウス営業で仕事に繋がりそうな展示会を五つ見つけなさい」と言われ、「システム　展示会　関西」などの検索キーワードではWEB検索しても、的外れのページばかりが表示されます。
　一番簡単な検索方法は、営業中に訪問先の担当者が営業職であったら聞くことです。相手が営業職であれば、何かしらの展示会の情報を持っていることが多いです。
　そして展示場で、いろんなブースをまわり、担当者と名刺交換をした後、電話でアポイントを入れるのです。

　余談になりますが、今から4年ほど前の話です。共同執筆者の相方が、まだ今の会社に転職する前の話です。現在、相方が勤める会社との出会いも実は展示会での名刺交換が始まりでした。
　とある展示会に行った際、現在相方が勤めている会社が出展していました。そこで、会社の社長様がいらっしゃって、名刺交換の際、同じブランドの名刺入れを使われており、お互い同じブランド好きということで意気

投合しました。

　後日、事務所に社長様がいらっしゃって、そこで契約が成立し、実際にシステム開発の発注を頂き、一緒にお仕事をしました。

　現在、その社長様がいらっしゃる会社の営業マンが本の共同執筆者の相方であります。

　もし、展示会での出会いがなければ共同執筆で本を出すこともなかったかもしれません。展示会での名刺交換を軽く考えてはいけません。

　「メール→テレアポ」、「展示会に足を運んでの名刺集め」、この二つがソフトハウス営業の一番ベーシックな新規アポイント取得方法になるでしょう。

「展示会も新規顧客開拓の場」

3　問い合わせを貰う仕掛け作り

　ソフトハウス営業を始めたばかりでしたら、ベーシックな営業方法でしか新規アポイント取得は難しいでしょう。
　ただ、実際に私たちが現在もベーシックな営業だけを行っているかと言えば、そうではありません。
　私たちが現在、成績を上げている営業方法は、すでに述べたように、紹介や先方からの問い合わせも多いです。

　紹介とは、お客様から別のお客様を紹介して頂くことです。ここで言うお客様とは企業単位ではありません。メーカーが取引先でしたら、別の部署を紹介して頂くだけで、発注数を大幅に増やせることもあります。紹介して頂くのは、発注権限がある別の担当者（別の企業、同じ企業、同じ部署でも構いません）を指しています。
　紹介して頂くためには、まずは目の前のお客様からの信用と信頼を得ることが必須です。もう少し厳しく言えば、そのお客様には他社の担当者も出入りしているでしょうから、どの競合の担当者よりも一番、信用と信頼を得ることが必要になります。

　また「紹介して下さい」と言い、紹介して頂いた場合、一つのリスクがあることを理解しておいて下さい。それは、紹介して下さった方に絶対恥をかかせてはいけないということです。
　もし、紹介していただいた方が「あんな使えない担当者を紹介しないでくれよ。時間の無駄だったよ。」と紹介して下さった方に報告したときには、紹介して下さった方からの評価も下がり、受注量が減る可能性があります。
　逆に「良い担当者を紹介してくれて助かったわ。本当にありがとう。」と報告があった際には、紹介して下さった方からの評価が上がり、もっと別の方を紹介して頂ける可能性も出てきます。
　まずは、目の前のお客様の信用と信頼を得てからになりますが、紹介営

業も立派な新規開拓の営業手法です。

　もう一つお伝えしたいのが、問い合わせを誘導する手法です。少し大がかりな手法のため、正直、一人の営業担当者だけではなかなかできないかもしれません。
　ソフトハウスの中にはエンジニアにホームページを作らせ、デザインを蔑ろにしている会社があります。インターネットが当たり前の時代、ホームページは会社の顔と言っても過言ではありません。
　ホームページがいかにも素人が作ったようなホームページというのは、クリーニングに出さずに、また、サイズが合っていないヨレヨレのスーツを着て営業しているようなものです。
　問い合わせの入り口となるホームページはきちんと作りましょう。

　ただし、きちんとしたホームページがあるからといって、問い合わせがくるかと言われれば、そうではありません。ソフトハウスは日本に巨万とあります。

　さて、どのように問い合わせを誘導するかと言いますと、簡単に言えば目立てばよいのです。

・コミュニティを作る。参加側ではなく主催者側にまわらなければ目立ちません。また、コミュニティを作るときには、今の時代、SNSでの連携を怠ってはなりません。
・目新しいことを行い、プレスリリースを公表する。意外に、多くのソフトハウスが、プレスリリースの出し方を知らないのが実情です。内容によっては数万円で、何十という媒体が取り上げてくださるので効果は絶大です。大手企業は知っていても、ソフトハウスでこのことを知る人は少ないのです。
・展示会に出展する。

・講演を行う。私たち各々の会社もこれまで、色んな場所で講演を行ってきました。自ら講演を企画しなくても、目立っていれば自然と講演の依頼がくるものです。

　実際、私たちは問い合わせの誘導から営業成績を上げていますが、新規で繋がっても営業として未熟であれば、契約には至りません。
　これらの方法は非常に有効な手段ではありますが、お金と時間が多少なりともかかりますし、アイデアも必要です。お金と時間を無駄にしないためにも、問い合わせを誘導する前に、必ずソフトハウス営業として成熟している必要があります。

4　アポイント取得後、訪問までの準備

　お客様訪問前には、必ず「準備」をしてから訪問することが基本です。
　新人営業でしたら、まずは自社についての会社説明ができるようにならないといけません。
　私のところにも、これまで色んなソフトハウスの営業さんが訪ねてきましたが、ソフトハウスの会社説明で伝えないといけないポイントは決まっています。
　会社の基本情報（資本金や事業内容、取引先や社員数など）は当たり前ですが、それ以外にも覚えておくポイントがあります。
・請負・常駐の割合
・どんな分野の開発が得意か
・社員エンジニアの人数
・協力会社や契約社員など社員以外にも開発に関わっているエンジニアの人数

　上記は最低限の項目ですが、私がお客様の立場の場合、もっと突っ込んだ質問をしていきます。

例えば、関西で営業活動していることを前提として、以下の質問を見てみましょう。

> 「全体の社員数はわかりましたが、東京と関西では、社員の割合は何人と何人になりますか？」
> 「請負３割、常駐７割ということですが、請負はどれぐらいの規模の開発案件が多いですか？」
> 「メインのお客様はどこになりますか？」
> 「常駐エンジニアのスキルは、業務系・WEB系か組込制御系ではどちらの方が多く、割合は？」
> 「業務系が多いということですが、言語はJavaですか。それとも.NETですか。」
> 「常駐メンバーで次に空いてくるのは、いつのタイミングで、どんなスキルを持った何年経験があるエンジニアですか？」

　ソフトハウス営業になりたての営業マンが、こんな突っ込んだ質問をされたら、逃げ出したくなるかもしれません。
　新人に対し優しく、頑張れと接してくれるお客様もいますが、厳しい質問をしてくれるお客様こそ、実は取り引きチャンスがあります。会っている時間を無駄にはしたくないので、取引できる可能性を探して突っ込んだ質問を投げかけてくることが大半なのです。

　ここで、ソフトハウス営業がお客様にエンジニアの提案活動を行う上で覚えておかなければならないことをお伝えします。
　前提として、営業としては案件情報を得たいと思い訪問しますが、お客様は自社が請け負っている開発プロジェクトを成功させるために、またさらに受注数を増やすために、常駐できてくれる優秀なエンジニアを探していることを念頭におかなければならないでしょう。
　それがわかれば、ソフトハウスの営業なら、自社のエンジニア全社員が

どんな言語が得意で、どんなキャラクターで、どんな特技があり、これまでどんなプロジェクトに参画してきたか、また現在、どんな開発プロジェクトに参画しているかを、大まかにでも最低限、覚えておく必要があります。

　図表 1-1 は営業の持ち歩くエンジニア経歴書の一例です。
　詳しくは、次章でお伝えしますが、自社でこれまでどのようなプロジェクトに携わり、どれぐらいの経験を積み、どの言語が得意で、どのような人物がいるのかを覚えておく必要があります。

　また、訪問前には必ず訪問先のホームページを隈なく見て、頭に入れておくべきです。もちろん、初めて訪問するお客様なら、会社情報のWEBページを見てから訪問するでしょう。設立年月日、代表者名、資本金、売上、社員数、実績、取引先。ただ、他にも見るべきポイントはたくさんあります。
　例えば、「新着ニュース」など。ここを見てるだけでも訪問時にネタ振りができ、話が弾むことがあります。
「来月、展示会に出展されるんですね。」
「今、新卒採用真っ直中なんですね。」
「新しく商品を出されたんですね。」

　天気の話やスポーツやニュースなどの話題を振るよりはよっぽど、仕事に直結した雑談ができます。
　また、ホームページを見たときに、もしかしたらこの会社様は業務系のJavaの開発に力を入れているのかな？　など、どんなスキルのエンジニアを紹介したら喜ばれるかを察知し、当面プロジェクトから時間が空く予定がないエンジニアでも、経歴書を印刷して持参しておくだけでも有効です。

第 1 章　準備からアポイント取得

技術者経歴書

フリガナ		性別	男	経験	12年01ヶ月
氏名	K N	年齢	32		
現住所	大阪市住吉区	最寄駅	あびこ駅		
最終学歴	コンピュータ専門学校 卒業	資格	基本情報、Oracle Silver		

役割: PM:プロジェクトマネジャー　PL:プロジェクトリーダー　SL:サブリーダー　M:メンバー　規模:プロジェクトの要員数

No.	業種	業務内容	作業期間 開始～終了	要件定義・調査	基本設計	詳細設計	プログラミング	単体テスト	結合テスト	システムテスト	保守・運用	その他	機種OS	使用言語など	役割規模
1	製造	電子購買システムの機能追加（経理処理部分の機能構築）	2001年4月～2001年9月 00年06ヶ月			●	●	●	●				AIX WinXP	Java(JSP/Servlet)、forte、Websphere、Eclipse、Struts、Oracle9i、HTML、CSS	M 8名
2	金融	ＡＴＭ集中サーバシステム開発	2001年10月～2003年2月 01年05ヶ月		●	●	●	●	●				Windows95	Java(JSP/Servlet)、Exclips、Oracle10g、xml	M 15名
3	官庁	交通管制システム開発	2003年3月～2003年11月 00年09ヶ月		●	●	●	●	●				UNIX Hi-UX	C、HiRDB	SL 7名
4	商社	基幹システム再構築	2004年12月～2006年3月 01年04ヶ月	●								●	WindowsXP	PL/SQL、Oracle10g	PL 6名
5	製造	顔認証システムソフトウェア開発	2006年4月～2006年12月 00年09ヶ月	●	●	●	●	●	●				UNIX	VC++(VS2005)、C# PostgreSQL8.3、MFC	PL 4名
6	製造	カーナビシステム	2007年1月～2009年3月 02年03ヶ月			●	●	●	●				WidowsCE	C++	M 22名
7	製造	複合機開発	2009年4月～2013年1月 03年10ヶ月			●	●	●	●				UNIX	C、C++	SL 13名
8	運送	宅配管理システム開発	2013年1月～2013年5月 00年05ヶ月	●	●	●	●	●	●				Windows7	C#.net、Oracle11g、UML、Eclipse、xml	PL 2名
9	EC	iPhone/iPadアプリ開発	2013年6月～2014年3月 00年10ヶ月	●	●	●	●	●	●				Mac X iOS5.1～8.1	Objective-C、Cocoa、Xcode、json	PM 6名

PR・備考: 組込制御から、Web・オープン系までソフトウェア開発の全般を多数経験し、フェーズも要求分析から設計、実装、テストまで一通り経験しています。
また、自宅ではLinux(Ubuntu)でサーバを構築し、個人的にもiOS/Androidアプリをリリースしています。

ソフトハウス営業株式会社　〒541-0000　大阪市中央区●●●1丁目1番1号　ソフトハウス営業ビル10階
TEL 06-0000-0000　FAX 06-0000-0001

図表1-1　エンジニア経歴書の例

営業は数をまわることも大切ですが、ただ単に数をまわれば契約を取れるものでもありません。ひとつひとつの訪問の質を上げるよう、「準備」を怠らないようにすることです。

5 キーワードを覚える（Java、C++、PHP、etc...）

ソフトハウス営業にはITに詳しくなく、「キーワード」だけで営業している営業マンがたくさんいます。

常駐案件を探す営業なら、キーワードがマッチすれば、お客様にエンジニアの経歴書を見て貰う。請負案件を探す営業なら、キーワードがマッチすれば、「次は詳しく打ち合わせができるようにエンジニアを連れてきます」と言って、後はエンジニアに任す。

なんと簡単な業務なのでしょう。
ただし、キーワードを知らなければ、一切営業になりません。

ここで最低限のキーワードを覚えましょう。

◆プログラミング言語（業務中は、「言語」や「開発言語」などと略して言うことが多いです。）

プログラミング言語とは、コンピュータに対する一連の動作指示を記述するための人工言語で、システムはその言語の記述によって動きます。

ただし、プログラミング言語とは一種類ではなくたくさんあります。そこで、最低限押さえておきたいプログラミング言語の名前をお伝えします。読み方がわからない方もいらっしゃるでしょうから、平仮名で読み方を記述します。

C言語（しーげんご）

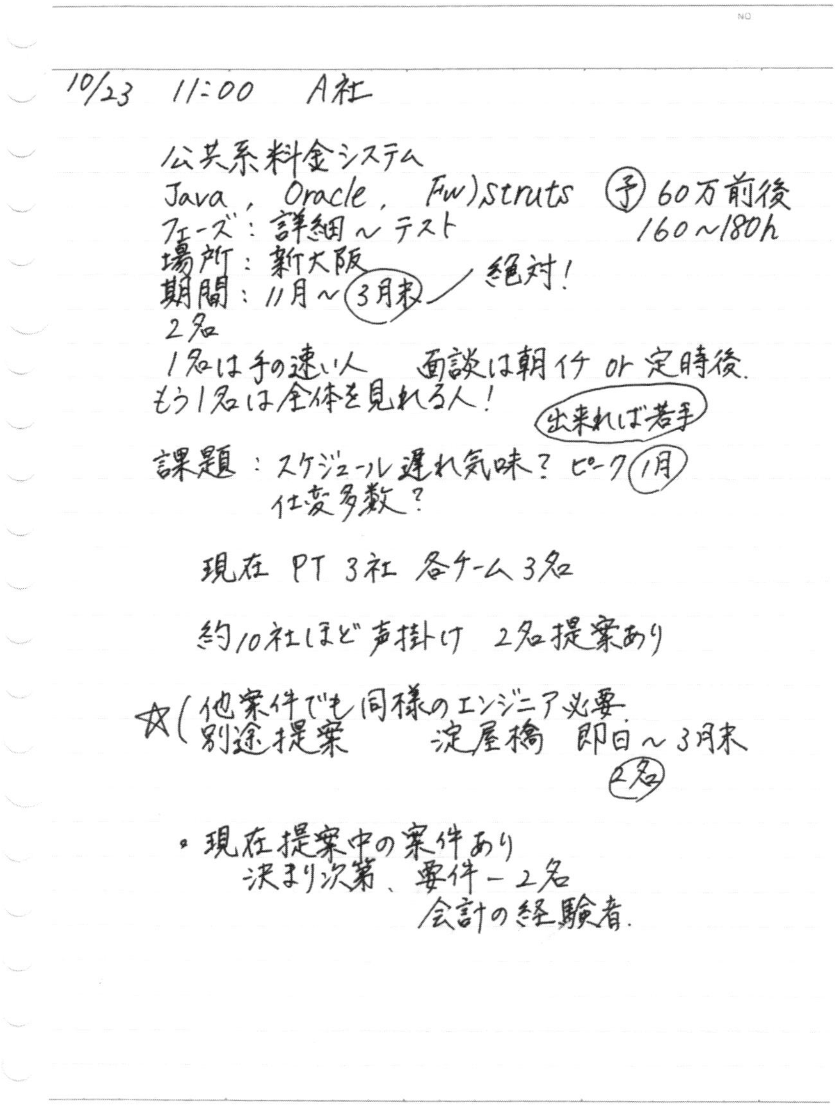

10/23 11:00 A社

公共系料金システム
Java, Oracle, Fw)struts ㊥60万前後
フェーズ：詳細〜テスト　160〜180h
場所：新大阪
期間：11月〜③月末／絶対！
2名
1名は手の速い人　面談は朝イチ or 定時後.
もう1名は全体を見れる人！　　出来れば若手

課題：スケジュール遅れ気味？ピーク①月
　　　仕変多数？

現在 PT 3社 各チーム 3名

約10社ほど声掛け　2名提案あり

☆(他案件でも同様のエンジニア必要
　別途提案　淀屋橋　即日〜3月末
　　　　　　　　　　　2名

・現在提案中の案件あり
　決まり次第、要件ー2名
　会計の経験者.

図表1-2　持ち歩くメモの例

C++（しーぷらすぷらす　略：しーぷら）
アセンブラ
Java（じゃば）
VB6.0（ぶいびーろく）
VB.NET（ぶいびーどっとねっと）
ASP.NET（えーえすぴーどっとねっと）
C#.NET（しーしゃーぷどっとねっと）
Objective-C（おぶじぇくてぃぶしー）
PHP（ぴーえいちぴー）
Perl（ぱーる）
Python（ぱいそん）
COBOL（こぼる）

　それぞれが、どのようなシステムの開発でよく使われている言語かを知るためには、システムの種類を知る必要があります。

◆**システムの種類**

　汎用（ホスト）系、オープン系、業務系、WEB系、組み込み系、制御系と色々種類があります。

汎用（ホスト）系：

　これは汎用的な使い方という意味ではなく、汎用計算機（銀行の基幹系システムなどで使用）での仕事を指しています。汎用系もホスト系もほぼ同義で使われていますが、最近では大型のUNIXサーバ等をホストと呼ぶ人もいるので注意が必要です。

　［主な使用言語 – COBOL］

オープン系・業務系：

　オープンな規格に沿って作られたマシーンでの開発。現在では、UNIXおよびWindowsなどの小型マシン環境での開発を指すことが多いです。

業務系は業務で使用されるシステムを指します。例えば、会計システムや物流システムなどがこれにあたります。
　［主な使用言語 – Java、.NET］

WEB系：
ブラウザを通してインターネットにアクセスするときに表示されるシステムを指します。例えばショッピングサイトなどがこれにあたります。
　［主な使用言語 – Java、PHP、Perl、Python］

組み込み系・制御系：
制御系とは、機器や機械を動かす（制御する）ためのソフトです。組み込み系とは、家電製品や携帯電話、自動車など「ハード製品」に予め組み込まれているソフト」のことを指します。
　［主な使用言語 – C言語、C++、アセンブラ］

制御系の具体例を以下に挙げます。

主な制御系	具体的システム例	ソフトの対象例
監視・制御系	中央監視盤、照明制御システム	制御端末用ソフト
FA系	製造ライン監視制御システム	工業用ロボット、搬送装置
プロセス制御系	製鉄プラントシステム	
通信・制御系	移動体通信制御システム	携帯電話、基地局、STB
計測・制御系	オシロスコープ、電力メーター	濃度計測、ロギング
組み込み・制御系	DVDプレーヤシステム、複合機	モーター回転数制御

※「DVDプレーヤ」は、単に「制御系」とは言わず、「組み込み・制御系」もしくは単に「組み込み系」と言います。

また、最近はスマートフォンやタブレットのアプリ開発の需要が伸びて

きており、上記の分類にはどれにも属しません。
　[主な使用言語 – Java、Objective-C]

◆**データベース**（業務中は訳して、DB（デービー）と言うことが多いです。）
　データベースとは、特定のテーマに沿ったデータを集めて管理し、容易に検索・抽出などの再利用をできるようにしたものです。例えば顧客管理システムの場合、顧客情報を格納している場所がデータベースで、プログラミング言語によってデータベースから取り出して表示させています。
　最低限名前だけは覚えておきたいデータベースの種類を記載します。
　Oracle（おらくる）
　DB2（でーびーつー）
　SQLServer（えすきゅーえるさーばー）
　PostgreSQL（ぽすとぐれすきゅーえる　略：ぽすぐれ）
　MySQL（まいえすきゅーえる）
　SQLite（えすきゅーらいと）
　違いは業務の中で覚えていけばよいのですが、上記の文字が出てきたときに「データベースの種類だ」とわからなければ、ソフトハウス営業としては致命的になります。

　ソフトハウス営業では、漠然とキーワードだけを覚えていることが大半です。
　例えば、お客様から「カーナビ開発でエンジニアが必要なんだけど」と言われた瞬間、「カーナビは組み込み・制御系に分類され言語はC言語かC++の可能性が高いな」と予測を立て、「組み込み・制御系」のエンジニアを提案するのです。
　C言語やC++でどんなプログラムを書いているかなんて、営業マンは知る必要がないのです。

　キーワードを覚えることがソフトハウス営業の第一歩です。

図表 2-3　ソフトハウス営業で必要な技術的キーワード

開発言語	◆ Java　　◆ C 言語　　◆ C++　　◆ C＃.net　　◆ VB.net ◆ VB6.0 ◆ PHP　　◆ Ruby　　◆ Python　　◆ Perl　　◆ COBOL ◆ Objective-C　　◆ JavaScript　　◆ HTML5+CSS3 ◆ HTML+CSS ◆ ActionScript　　◆ R 言語　　◆ Scala　　◆ Erlang ◆ Go 言語　　◆ SQL　　◆ PL/SQL　　◆ PL/I ◆ CoffeeScript ◆ Haml　　◆ Sass　　◆ シェルスクリプト　　◆ PowerBuilder ◆ Delphi　　◆ BASIC ウィキペディア：http://ja.wikipedia.org/ プログラミング言語一覧
データベース	◆ Oracle　　◆ PostgreSQL　　◆ Microsoft SQL Server ◆ MySQL ◆ SQLite　　◆ DB2　　◆ mSQL　　◆ MongoDB ◆ cassandra　　◆ Hbase ウィキペディア：http://ja.wikipedia.org/ データベース管理システム
フレームワーク	【Java 系】 ◆ Struts　　◆ Seasar2　　◆ JSF　　◆ Spring　　◆ Hibernate ◆ iBATIS　　◆ MyBatis　　◆ Play Framework ◆独自フレームワーク 【PHP 系】 ◆ Zend Framework　　◆ CakePHP　　◆ symphony ◆ Smarty ◆ CodeIgniter　　◆ FuelPHP　　◆独自フレームワーク 【Ruby 系】 ◆ Ruby on Rails　　◆ Camping　　◆ Waves 【Python】 ◆ Django　　◆ Flask　　◆ Pyramid　　◆ Pylons 【JavaScript】 ◆ jQuery　　◆ prototype.js　　◆ Dojo Toolkit　　◆ node.js 【.NET】 ◆ .NET Framework（v1.1 〜 4.5） 【その他】 ◆ iOS SDK（Cocoa 等）　　◆ Android SDK　　◆ DirectX ◆ OpenGL　　◆ OpenCV　　◆ Unity

サーバ環境、OS	【OS】 ◆ Debian（Linux）　◆ Ubuntu（Linux Debian系） ◆ Red Hat（Linux）　◆ Cent OS（Linux Red Hat系） ◆ openSUSE（Linux Slackware系）　◆組み込みLinux ◆ FreeBSD ウィキペディア：http://ja.wikipedia.org/wiki/Linuxディストリビューション ◆ Solaris（UNIX）　◆ AIX（UNIX）　◆ HP-UX（UNIX） ◆ Mac OS X　◆ Windows Server ◆ iTRON（リアルタイムOS）　◆ VxWorks（リアルタイムOS） ◆ QNX（リアルタイムOS） ◆ WindowsCE（リアルタイムOS） ◆ INtime（リアルタイムOS）　◆ RTX（リアルタイムOS） 【統合開発環境】 ◆ Eclipse　◆ Visual Studio　◆ Xcode ウィキペディア：http://ja.wikipedia.org/wiki/統合開発環境 【Webサーバ・ツール】 ◆ Apache　◆ Tomcat　◆ IIS6.0/IIS7.0/IIS7.5　◆ nginx ◆ WEBrick　◆ thin　◆ unicorn　◆ passenger　◆ Zope ◆ Hadoop　◆ Vim　◆ Emacs　◆ Redis　◆ memcached ◆ Windows　◆ Linux　◆ UNIX ◆ Amazon AWS　◆ Google App Engine ◆ Chef　◆ Puppet　◆ WordPress　◆ Movable Type
管理ツール	◆ Redmine　◆ Trac　◆ Pivotal Tracker　◆ JIRA ◆ Backlog ◆ Git　◆ Github　◆ Mercurial　◆ Bazaar ◆ Subversion　◆ CVS　◆ Jenkins　◆ Basecamp
開発手法	◆オブジェクト指向　◆ウォーターフォール　◆アジャイル ◆スクラム　◆ペアプロ　◆テスト駆動開発 ◆チケット駆動開発 ◆プロトタイピング　◆自社コーディング規約

※ソフトハウスの営業中に出てくるキーワードの一部です。これが全てではありません。また、分類を一括りにしているキーワードもございます。

6　ソフトハウス営業の一週間・一日の　スケジュール例

　時間はすべての人に平等に流れます。これは学歴や能力や貧富の差に関係なく、みなさん平等です。さすれば時間の使い方は非常に重要です。営業成績に直結する重要なファクターと言っても決して過言ではありません。

　これが正解というスケジュールの立て方はありませんが、時間をいかにうまく使うかは、ビジネスマンの重要課題だと思いますので、効率的にスケジューリングするためのチェックポイントを設けました。ぜひ参考になさってください。

・アポイント数を決める

　たくさんの方にお会いすることは営業にとってよいことです。ただ時間の制約がある中で、本当にそのアポイントが必要か否かを考えましょう。

　ひとつ一つのアポイントに意味を持たせると無駄な時間がなくなります。新規の訪問については予測できない場合も多いです。もしかすると全然思惑とずれていることもあります。

　新規訪問にはリスクは十分にありますが、それは仕方ありません。新規のアポイントについては、できるだけ相手の情報を集めて、その上でできるだけ有意義な営業機会になることを目指すだけで十分です。

　ただ取引がすでにあるお客様、情報交換をしているビジネスパートナー様、両者においては会う頻度やタイミングは計れると思います。いま会うべきなのか、他に優先することがあるのでは？　と疑問を持ってください。ただなんとなく行くところがないから、訪問しやすいA社を訪問なんてのは絶対ダメです。

　あと、会社からノルマを課されているから、ただまわっていますもダメ。考えずに行動することが一番ダメです。貴重な時間です。精査してからアポイントを頂戴するようにしましょう。

私の場合は最低でも週に１件は新規のアポイント、既存顧客・ビジネスパートナー様のアポイントは５件、これを念頭に置いています。最低でもという目標を作っておくと、行動管理が安定し、必ず成果が出ます。そして年間のアポイント数からどれくらい成約しているかなど、詳細に分析するのもよいと思います。

　その分析については落ち着いたタイミングでやりましょう。半年とか一年の単位がよいと思います。１か月単位で集計して分析してもこの業界特有の時期によって仕事の成約率が変わるので概ねそれくらいがよいかと思います。

　中には１日４件のアポイント取得を義務づけされているソフトハウスもあります。そのような場合は、会社命令なのですから１日４件のアポイントを入れるのは絶対です。ただし、先程も申し上げましたが、何も考えずにアポイントを入れることだけはしてはなりません。既存ばかりにアポイントを入れていても意味がないと感じるのなら、前述で新規アポイントの取り方を説明していますので、新規顧客開拓に力を入れましょう。

・就業後の時間は出来るだけ空けておく

　エンジニアを連れてお客様先へ打ち合わせ・面談する予定が就業後にあることも多いです。そのために就業後・定時後は空けておくのがよいですが、食事のお誘いもありますよね？　プライベートでもビジネスでも就業後に予定が入ることがあると思います。

　私なりの工夫ですが、例えば就業後に予定を入れる際は月曜日、水曜日、金曜日のように１日ずつ空けておくと、急な依頼でも一日待つだけで対応できます。私は食事の予定など、比較的先に決まるものについては、飛び石で組むようにしています。

・移動時間の活用法

　他の地域の方は少し違ってくるのかもしれませんが、私たちが主に活動している首都圏・関西圏の営業マンは、基本的に電車で移動することが多

図表1-4　スケジュール管理で時間を有効に使う

「移動時間は貴重な時間」

いと思います。遠方のお客様になると、1時間以上掛かる場所まで赴くことも少なくありません。これだと、往復2時間以上を費やします。

実はこの場合、就業時間の25％を占めます。この時間を有効に使わない手はありません。私はこの移動時間にメールの返信、訪問先のホームページのチェックなどをしています。最近では優秀なスマホアプリでIT系のおまとめサイトもあるのでそれを活用して情報収集に充てています。時事ネタは重要です。トレンドを知らない営業さんも多くいますから、特にこのあたりは押さえておいて、訪問時のアイスブレイク（きっかけづくり）に使うのがよいかと思います（**図表1-4**）。

おそらくこの発言については反論もあるでしょう。

「公共系や昔からの業務系に従事しているお客様は、トレンドに興味ないよ。」なんて声が聞こえてきそうです。

実はそうでもありません。意外というのは失礼かもしれませんが、かなり興味を持って聞いてもらえることのほうが多いです。

本題に戻りますが、あまり急ぎでやることがない場合は、自己啓発のための読書などもよいでしょう。できるだけ仕事に結びついたことに時間を使ってください。この時間を有効に使うか否かで大きく将来が変わってくるのは間違いありません。計算するとすごい時間になりますからね。

ここまでのお話を覆すようで恐縮ですが、移動時間は短いに越したことはないですけど、なかなかそうもいかないです。というものの疲れているときは心地よい電車の揺れに眠ることもしばしばあるのは事実です。

COLUMN

予想していないところからアポイント

　動き回っていれば色々なことがあるというのを肌で感じた体験をお話します。営業マンにとっては本当に嬉しいお話です。

　当時、営業拠点を関西、中部、関東と広域に活動していて、各地で少しずつ取引が増えてくるような関西以外は駆け出しの状況でした。

　ある日まったく知らないＡ社のＡさんという方から突然ご連絡を頂戴しました。知らない方ではありますが、日本人なら絶対誰でも知っている会社です。電話に出て話を聞いてみると、「Ｂ社のＢさんからご紹介頂きました。」とあります。

　Ｂさんも日本で有数のある分野では世界のトップシェアを持つ会社の課長さんでした。ただ私はＢさんについては数度訪問したことがあるだけで取引があるわけでもなく、そんなに仲が良い訳でもないのです。頭にハテナ？　を抱えながらアポイント日時を頂戴し、要件をお聞きしてそのときはそれだけで電話を切りました。

　後日ご訪問した際に、頂いていたお仕事の打ち合わせを実施し、その後、今回の紹介に至った経緯をお聞きしました。まず紹介者のＢさんとＡさんは年に１度、グループの会合でお会いすることがあるとのことでした。Ｂさんは中部地区にいらっしゃって、Ａさんは関西、接点は本当にそれだけという感じです。親交が深いのかとお聞きしてもビジネスのやり取りがあっても、それ以上でなければそれ以下でもない関係だと。本当に不思議でした。

　上記のような関係であるのに、なぜ私にお電話頂けたのか。Ａさんはその会合で、Ｂさんにこう話したとおっしゃられていました。

　Ａさん：「最近いいエンジニアの提案がなくて困ってるんです。」
　Ｂさん：「中部地区はもっと深刻で提案すらなかなかないですよ。」

Bさん:「そういえば関西からこられている営業さんで面白い営業マンがいましたよ。」
　Bさん:「ご依頼頂ければ絶対何とかします！って言うんです。」
　Aさん:「珍しいですね最近では。絶対何とかするってどういうことなんでしょうね。」
　Bさん:「それがね、その方法がユニークなんです。」
　Aさん:「面白そうですね。一度会って話をしてみたいです。」

　上記のようなやり取りがあり、Aさんが私の連絡先を聞いて連絡してくださりました。

　ユニークというのは何を指しているか。以下が解説です。
　近年派遣法など法規制が整備され、現場によっては派遣契約以外の就業不可能というところも増えてきています。近年は大規模な摘発などもあり、2重派遣はほとんどなくなってきていますが、一昔前までは横行しており、契約形態がどうであれ自社のエンジニア以外でも提案できる先がありました。でも近年はそういうことがほとんどできなくなっています。
　既存の営業マンは自社のエンジニアがすべて仕事に就いてしまうと、もう提案できるところがないと思ってしまったりします。ここが発想の転換です。
　私はかまわず、派遣契約の案件にパートナー様のエンジニアを提案したりします。当然普通に契約すると2重派遣です。ただお客様にはキチンと情報を開示します。そうすると毎回のように同じ質問が返ってきます。

　お客様:「これ2重派遣になっちゃいますよね？」

私:「そうですよ。なので差し支えなければ直接ご紹介致します。」
お客様「え？ それだとあなたの利益にならないけどいいの？」
私:「私はまったく問題ありません。必要であればご紹介致します。」

毎回このようなやり取りです。
今回のお話のご紹介時も他の企業様をご紹介しました。
　もう理解されている方もいらっしゃると思いますが、営業マンの仕事はお客様のお役に立つことです。その方法はたくさんあります。当然営業なので利益を出すことは必須ですが、それは後のタイミングでもよいのです。こういうスタンスで仕事をしていると今回のような紹介が生まれたりしますし、以後、様々な情報を早い段階でもらえるようになります。
　目先の利益も大切ですが、人がやらないことをやってかつお客様の信頼を勝ち取る。お客様のお役に立つにはどうするか考えると、自ずと出てくる営業スタイルだと思います。
　上記のやり方について会社が許してくれない場合もあると思います。ただそれはフロントに立つ営業マンがうまく立ち回ればよいだけのことです。会社には内緒にして紹介してしまえばよいでしょうし、もしそれがバレて何か言われるくらいの会社ならとっとと辞めてしまって次に行くほうがよいように思います。会社側、お客様、どっちを向いて仕事をすべきか考えてみてください。当然両方円満なのが望ましいですが。
　ポイントは人と同じことをしないこと。自分流の営業スタイルを確立させること。巨万といる営業マンの中でどうやってお客様に覚えてもらえるか。そこを真剣に考えるだけで日々の営業は変わってくるでしょう。

と書いていたら、共同執筆者より以下のコメントがありました。

「私も直接紹介することはあるけど、紹介ができるようになるのは人の見極めと周りが自分を裏切ると損するという営業としての自信がついてから。営業として未熟なのに紹介ばかりしていたら、裏切られて最後は泣きを見るだけ。」

確かにコメントは一理ありますので、実戦するのなら本書を活用し、ソフトハウス営業として成長して自信を手に入れてからにすることをオススメします。

「口コミで広がる素敵な縁」

第 **2** 章

訪問してから実際に お客様と会う

1　ソフトハウス営業の身だしなみ

　いまさら身だしなみ？　って思われるかもしれませんが、私が色々な方と会う中で、ここは触れておくべきと考えて取り上げました。

　ソフトハウスの営業マンの身だしなみについては、さまざまなスタイルがあります。著者の2人も一方はビジネスカジュアルがメイン、もう一方はスーツだったりバラバラです。最近は夏になるとかなりラフな格好でお仕事されているお客様もいらっしゃいます。ですので、格好がどうであれ、ベースの部分に触れたいと思います。

　スタイル云々は別として、見た目は非常に大切です。例えば新規訪問での第一印象が「仕事がデキそう」そんな印象を与えるほうが得策なので、しっかり取り組みましょう。

・清潔感について

　男女問わず、好みのタイプを聞くと上位にあがってくるのは清潔感に関する項目です。万人が気になる項目で、第一印象を決めるのは清潔感であると断言できます。まず何に気をつけるべきか考察しましょう。

・ヨレヨレのスーツを着ていませんか？

　スーツやジャケットは消耗品なので、流行り廃れに関係なく、傷んだら交換しましょう。あまり時代に合わない形のスーツもできれば避けたいところです。「それいつの時代のスーツ？」って方をたまにお見かけします。

　基本的には高いモノを身につけるのではなく、リーズナブルなものでも自分に合ったモノを見つけることです。たまにヨレヨレのスーツのサラリーマンを街中で見かけたりしますが、どう見ても仕事ができそうに見えません。おそらく1シーズンを1着で乗り切っているな？　と勝手な予想が立つような人もいます。最近は安くて高品質のスーツやジャケットを購入するのが容易です。だからこそ余計に無頓着だと目立ちます。たかだか数万円の話で印象を落とすのは非常にもったいない話です。スーツやジャ

ケットはいわば営業マンのユニフォームです。こだわりを持つくらいが理想ですが、まずは安くてもよいのでパリッとしましょう。

・Yシャツはピシっとアイロンのかかったものを

　最近はノンアイロンのYシャツも出ていますが、できれば軽くでもよいのでアイロンをかけるくらいしたほうがよいと思います。気持ちもパリッとします。IT業界ではエンジニアさんの中にお見かけしますが、袖口が黒く汚れていたり、胸ポケットに物を入れすぎてダルダルになっている方を見かけます。営業マンでもたまにいらっしゃいます。これはNGです。おそらく2日連続で着用している方もいらっしゃるのでしょう。毎日取り換えるのは当たり前です。あとポケットに何でもかんでも詰め込むのもNGです。形が崩れるし、格好よくありません。

・靴磨いてますか？

　電車の中で座っている人の足元を見てみると、結構汚れた靴を履いている人を見かけます。私どもの業界の営業マンも同様です。半数以上の方は靴なんて磨いたりしないのでしょう。傷だらけ・埃まみれの靴は避けたいところです。まずはブラシくらいはかけて埃は落としましょう。最近なら100円均一でもブラシは買えます。できれば簡単でもよいので何かしらの手入れを推奨します。いまや靴の手入れに関してはたくさん情報がありますので、自分にあった方法を見つけてみてください。ピッカピカでなくてもよいです。

　また靴をキレイにしている営業マンはほとんどといってよいほど靴好きです。みなさんこだわりをお持ちです。私もこの部類ですが、たまにお客様からいろいろ聞かれたりすることもあります。営業の雑談ネタにもなったりしますので、ぜひキレイにしておきたいです。中にはお手入れ用品の細部に渡るまできっちりと管理されている方もいらっしゃいます。そういうこだわりにふれるとこちらまで感化されたりします。すなわち印象深くなります。

「足元を見られる。」という言葉もあります。営業マンの印象を作る上では重要だと思います。

・匂いは大丈夫？
　これは一番気づきにくい部分なので周囲の人と相互チェックするのが理想ですが、なかなか指摘のしにくいところでもあります。だからこそ価値があります。気にかけるだけで十分効果的です。女性とすれ違った後にかすかに良い香りのする方がいらっしゃいます。あれが理想です。
　最近では少なくなりましたが年配の方に多いのが、かなり香料の強いトニックなどをお召しになられている方が見受けられます。例えば、会議室など帰った後もずっと香りが滞留し続けているような方もいらっしゃいます。これはできれば避けたいです。整髪料の香りも気にしましょう。
　特に香りにこだわる必要はありませんが、気にかけてチェックすることを継続することで、まずは合格点だと思います。

・ネクタイの選び方
　最近はクールビズが定着し、昔ほどネクタイの着用が絶対ではなくなったので参考にならない方も多いと思いますが、少しだけネクタイに触れたいと思います。
　まず当然のお話ですが、清潔感が第一です。汚れているネクタイを着用している人もお見かけしますがNGです。
　私の場合は新規訪問時は寒色系（私の場合は紺が多い）、積極的な提案などの場合は暖色系（赤やピンクなど華やかな色）、謝罪時などは寒色系でオシャレにしないこと。おおまかにですが決めごとを作っています。
　最近はネクタイをしない人が増えているからこそ、ここ一番での着用は印象も良く映ります。ある広告媒体企業の営業マンは暑い時期でも必ずジャケットとネクタイを着用しています。その理由は会社のルールらしいですが、イメージを維持するためにやっているようです。そんな些細なことでも記憶に残ります。暑い中、しっかりフォーマルを守っていることに

ワンサイズ大きな「ラクチンスーツ」、いつクリーニングに出したかわからない「ヨレヨレスーツ」はNG！
特にブカブカ、ヨレヨレは見た目だけで仕事が全くできなく見える！

も価値がありますね。

　気を配っているか否かが最大のポイントです。清潔感と自分スタイルの確立。見た目は営業マンにとって重要ポイントで、スーツ・ジャケットはユニフォームです。ユニフォームに気を遣うこと、それこそが仕事への向き合い方そのものなのです。まずは意識を高めることで合格でしょう。見た目が変われば、内面や行動が変わります。たかだか見た目を変えただけでと思われるかもしれませんが、外見にこだわることでデキル営業マンに一歩近づくはずです。まずは納得いくまで研究してみてください。

2　ソフトハウス営業は意外と営業マナーを知らない

　ソフトハウスの営業マンは他業界に比べるとおそらくマナーレベルは格段に低いと思います。裏を返せばマナーで感動したことがありません。それはなぜなのでしょうか。
　おそらく、まだ業界全体の平均年齢も若く、そういう教育自体が浸透していないこともあるし、ソフトハウス営業の教科書がないこともあるのかもしれません。
　しかし、巷には掃いて捨てるくらい営業本は販売されていて、他業界の営業本から得るマナーの話は非常にタメになるものが多いです。是非いろいろな書籍を読みふけってほしいと思います。
　ここでは、ソフトハウスの営業マナーについて取り上げます。

・新規訪問時に必ず準備すること
　最低限訪問先企業の情報はHP等で調べることを推奨します。多くの会社の営業マンが何の事前調査もなしに来られることがあります。これは本当によくないです。望んで訪問しているはずなのに、なぜ事前調査がないのか不思議に思うことが多い。ソフトハウス間の新規アポイントの訪問の

ときにはよくある話ですがこれは本当に失礼です。おそらく適当にホームページなどでランダムにテレアポしているのでしょう。

　それ自体が悪いわけではありません。しかしあなたがきっかけをつくってアポイントを頂戴している場合は、これは失礼の極みです。キチンと事前準備して、訪問先の会社様がどんな業務をしていて、どんな会社なのか、情報をもとにどんなお話をするか、イメージしてから訪問するようにしましょう。

・時間を確認

　訪問してからどれくらいお時間があるか、最初に確認しましょう。ダラダラと時間の制限を設けない営業マンをよく見かけます。これは失礼です。貴重な時間だという認識が不足している証拠です。キチンと確認しましょう。

　ついつい時間を忘れて話し込んでしまうこともありますが、それは話が盛り上がっている証拠です。ただそんなときでもキチンと時間を把握することを心がけましょう。1番良いのは訪問前に当日訪問時のアジェンダ（議題）を事前にお知らせすることですが、なかなかテレアポや新規の訪問だと難しい場合もあります。状況に応じてうまく時間の配分を考えるクセをつけましょう。

・荷物などの取り扱い

　冬場によく見かけるのがコートの扱いです。大したことではないかもしれないけれど、されどマナーです。よく知ったお客様であればそこまでする必要はないかもしれませんし、促されるままコートハンガーをお借りすればよいですが、基本は内側を外にしてキレイに四角く畳んで部屋の隅に置くか、空いていれば椅子に置けばよいと思います。たまにコートを着たまま受付でお待ちになられている方をお見かけしますが論外です。就活生でも知っている常識が欠如している人も少なからずおられます。

　またカバンを平気で椅子に置く営業マンを見かけることがありますが、

カバンの底は汚れていませんか？　電車に乗ったときに地べたに置いたりしていませんか？　食事に行ったときに椅子の下に置いたりしていませんか？　それを訪問先の椅子に置くことはNGです。絶対ダメです。必ず足元に置くようにしましょう。

　出して頂いた湯呑やカップは、帰る際にそっと机の端に集めるなど、片づける側の立場になって考えることも大切です。細かいようですが、印象が違ってきます。たかがマナー、されどマナー。見ている人は見ておられます。こういう所作一つで印象が違ってくるので、最低限のマナーは身につけたいですね。

・ITの営業マンなんですから…

　IT営業あるある、かもしれませんが、他業界からの転職組によくある話で、前職のお話が定期的に出てくるのは構わないのですが、ITのトピックスが全然出てこない営業さんがたまにいらっしゃいます。延々と前の業界の話をされたりします。

　この業界特有と言えばそれまでですが、これはよくないです。第1章でお話をした中でもありましたが、ソフトハウス営業の中には、ITの知識なんてなく、キーワードしか知らなくても、お客様先・現場常駐作業に重点を置いている会社さんの営業マンは不自由なく営業活動を進めていけたりします。

　ただし、人によるとは思いますが、正直こういう営業さんとの会話は退屈することが多いと思います。

　たとえ話になりますが、アパレルショップに入って服のことを聞きたいのに、全然ファッションのことを知らない店員さんが出てきて、世間話されても困りますよね。でも同じようなことが私たちの業界にはよくあります。せめてアパレル業界に就職したんだから、最低限お客様のニーズにお応えできるくらいの知識やトレンド感を持つのが大前提だと思います。この業界は、恐ろしいことに、トレンドに興味のない営業さんが本当に多いです。

カバンの底は汚れています。

頂いているのは貴重なお時間。

コートは内側を外にしてたたむ。

何をどうすればよいのかについては、また後の章で詳細をご説明しますが、まずは今何がトレンドなのか、IT業界では何が起こっているか、新聞発表されているものやウェブのニュースくらいは最低限チェックして、いつでもそれなりのトピックスを持つようにしてください。そういうものをキャッチできる自分を作っていきましょう。

　例えば、Google社やApple社は大きなイベントが毎年あって、その発表を心待ちにしている業界人も多いです。その情報を早くにキャッチして話ができればまずはOKでしょう。興味が持てるようになれば勝手に身についてきますが、まずは意識して取り組みましょう。

3　経歴書を見せる、案件情報を送る

　ソフトハウス営業の提案作業や開発実績のアピールとはどのように行うのでしょうか。

　まず、ソフトハウス営業で営業マンが提案書を作ることはほとんどありませんが、SIerやベンダーになると、提案書を作る営業マンが多くなります。ですが、ソフトハウスは基本的には、そのSIerやベンダーが受注してきたすでに要件が決まっている開発プロジェクトへの参画になりますので、提案書を作る機会はほとんどありません。

　もし、いまはソフトハウスだけど提案書もよく作るという会社なら、そのうちソフトハウスの枠を超える会社になっていくでしょう。

　では、ソフトハウスの営業とはどういうものなのでしょうか。
　常駐案件の場合と、請負案件の場合に分けてお伝えします。

【常駐案件】
　常駐案件の営業活動とは、派遣契約であったり準委任契約などで、エンジニアがお客様先で常駐して開発作業を行う案件の獲得にあります。提案活動は、エンジニアの経歴書をお客様に見せる作業になります。

例えばメールで、お客様にエンジニアの経歴書をお送りする場合、以下のようなメールになります。

```
氏　　名　：　NK（31才）
スキル　：　Java、C++
最寄り駅　：　新大阪
稼働開始　：　4月1日〜
希望単価　：　80万円（160-180H）
備　　考　：　弊社社員
　※スキルシートを添付しております。
```

ソフトハウスで働いていましたら、毎日のようにこのようなメールが飛び交います。個人情報保護法もありますので、名前はイニシャルにしています。

スキルのところには、エンジニアの得意言語などを記載します。

最寄り駅は、エンジニアの住まいの最寄り駅を記載します。お客様としても、作業場所まで通えるかの参考になりますので書いていた方がよいでしょう。

稼働開始は、現在のプロジェクトが終わり参画可能になる日を記載します。

希望単価の「80万円（160-180H）」については、エンジニアが月に160時間〜180時間働いた場合の会社間での契約金額になります。

ただし、営業をしているとメールの書き方ひとつでも実力の違いがでます。成績の良い営業マンは、もう一つ情報を付随させていることが多いのです。

```
備考：弊社社員。ハキハキと話し、コミュニケーション能力が高く、開発スキルは経験年数相応に持ち合わせています。
```

簡単に社員（エンジニア）の性格やアピールを記載しておくのです。

正直、エンジニアにはコミュニケーション能力が低く寡黙な方も多いので、コミュニケーション能力が高いだけでエンジニアの付加価値になります。

逆に、お客様の立場として案件情報を送るときの例もお伝えしましょう。

案件内容：販売系WEBシステム開発
必要スキル：言語）Java、DB）Oracle、フレームワーク）Struts
　※4年以上の経験がベスト
フェーズ：詳細設計～テスト
作業場所：新大阪
開発期間：4月～6月末
募集人数：2名

さて、「販売系WEBシステム開発」の案件に「NK」というエンジニアを提案すると、金額さえ合えば契約成立する確率が高いだろうということが、経験を積むと瞬時にわかるようになってきます。

実は、このようなやりとりは、いまも10年前も変わっていないのがIT業界です。

【請負案件】

ソフトハウスの請負い案件の受注は、お客様の方でほとんどの要件が決まっているところからスタートする場合が大半です。

営業マンは概略だけを聞き、「では、次回エンジニアを連れてきます。」と言うだけです。そこからはエンジニアと一緒に訪問し、エンジニアが案件の詳細を聞き、そこから工数をはじき出して、営業が見積書を作ります。

ただし、お客様先に訪問していれば自然と請負案件を頂けると思っては

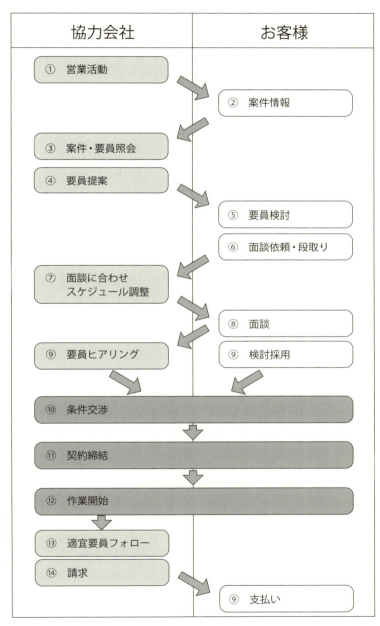

図表2-1　エンジニア常駐契約時の営業フロー

いけません。

　普段の訪問時から「請負開発を行っている」「○○の分野が得意」などをお客様に覚えていただき、また、「◇◇さんが営業を行っている会社なら信用できるな。」とお客様からの信用と信頼を勝ち取っておく必要があります。

　もしくは、エンジニアが常駐で作業している中、エンジニアの評価が非常に高まり、エンジニアがいま手がけている案件から一部を切り出し、自社に持ち帰って請負で開発することもあります。
　ただし、請負案件を受注できるようになる前に、常駐案件のフローを受注先の立場としても、発注先の立場としても、まず作成できなければなりません。
　もし、見積りが通り、請負いで案件を受注できても、社員エンジニアだけで人数が足りなければ、営業自身がエンジニアを集めてこなければなりません。
　他のシステム会社からエンジニアをお借りできるほどの信頼関係が構築できていなければ、プロジェクトとして破綻してしまいます。
　ソフトハウスでの営業業務でのステップアップとしては、常駐案件で開発に関するキーワードを覚えていき、要件が決まっている請負案件から受注できたらよいでしょう。
　そして、営業として企画書を作りたいのであれば、「エンジニアを連れてきます。」の前に、自分自身で要件を聞いて理解できるようになり、そしてシステム開発の知識をつけた上で企画書を作れるようになればよいでしょう。

　ただ、間違っても営業マンの一番の仕事は、お客様からの信用と信頼を勝ち取ることであることを忘れてはいけません。

4　約束を取りつける

　営業として、お客様からの信用と信頼を得るノウハウを一つお伝えします。

　正直申し上げて、この章は口調が厳しくなりますがご了承ください。それだけ、ソフトハウスの営業マンの中には質の低い営業をしている方が多いのです。

　さて、そのノウハウとは、約束を取り交わし、宿題を貰うことです。

　単純にお客様と○○までに△△をやりますと約束を取り交わし、それを実行するだけです。

　ただし、単語にすれば簡単ですが、この技術だけでも奥が深いものがあります。

　まずソフトハウスの派遣の営業だけを行っている営業マンは、ビジネス上最低限必要な宿題でも行わない人が非常に多い、という実状があります。

　お客様としての立場で、例をお伝えしましょう。

　営業マン：「会社に戻ってから、確認してスキルシートをお送りします。」

　お客様：「メールをお待ちしています。」

　……翌日、一日中待ってもメールが来ない。また、何の連絡もない。

　お客様が痺れを切らして電話すると、

　お客様：「昨日、スキルシートをお送り頂けるとのことでしたが、まだでしょうか？」

　営業マン：「会社に戻って確認したら別の営業が他の企業様に提案しており、そちらで決まりそうなので、今回はエンジニアのご提案ができません。」

まず、他の営業を含めコントロールできていないことでマイナスですが、そこはまだ理解できます。むしろ、送れなくなった時点で、何の連絡もしないのが非常に評価を下げるポイントです。このような営業に限って、こちらから連絡しない限りは何の連絡もしてこないのです。
　約束を取りつけておいて簡単に約束を破る。正直、ソフトハウスの営業マンはこのような対応も非常に多いのが現実です。
　「今回は…」次回があると思っているのでしょうか。
　ただ、このような営業マンでも生き残れるのは、プロジェクトにエンジニアの人数が足りなく、その営業が所属する会社に優秀なエンジニアがいるとわかっているから、その営業に声を掛けざるをえなく「次回」があるのです。

　ただ、そういうことをしていると、いざというときに簡単に切られ、営業としては一歩も成長できないでしょう。
　営業において、お客様から信頼と信用を得ることの大切さは、いまさら書くようなことではないでしょう。
　レスポンス、情報量、気配り、実行力、話し方、言葉の組み立て、しぐさ、清潔感、信頼と信用を得るために必要な要素はたくさんありますが、その中でも一番大事なことが約束を守ることにあります。
　約束を守り安心してもらうことで信用を得、たとえ難しい約束で、約束を守れなかったとしても、過程の動きで感動してもらい、信用と信頼を得ることはできます。
　また、「毎度、仕事のことで簡単に約束を取りつけることなんてできないですよ」と言い訳をしてはなりません。約束を取りつけるのは、仕事以外のことでも問題ないのです。

　いくつか例をお伝えしましょう。

> お客様を訪問しましたが、案件の話が何もありませんでした。ただ、雑談の中、お客様が知らない話題のブログの話で盛り上がりました。
> 　そうするとお客様も興味を示し、ブログのURLを送って下さいと言います。
> 　「承知しました。社内に戻りましたらブログのURLをメールでお送りします。」
> 　そして社内に戻ってからURLをお送りしました。

　これも立派な宿題を貰い約束を守る行為であります。

　約束を認識している人と、認識していない人の違いがわかるように、もう一つ例をお伝えしましょう。

> 　上司が部下の営業マンを連れて訪れたときに、仕事の話が終わり、雑談となってカメラについて話が移りました。
> 　お客様は、とあるカメラの価格と、奥様への説得材料としてローンで買うことも考えられていました。
> 　上司の営業マンが「もう少し詳しい情報を調べておきますね。」と言い、しばらくカメラの話で盛り上がり退出しました。
> 　カメラ屋でアルバイト経験のある部下から、金利なしで分割払いが可能なサービスがあると聞いていた上司は、帰社途中、部下に「金利・手数料がかからない分割方法の申し込み書など詳しく説明が書かれた用紙を取り寄せておいて。PDFにして送るから。」と言うと、部下の顔に「？？？」が並びました。

　これは、部下は営業中の雑談であり、仕事に関係ないので冗談と思っていたパターンです。

　冗談であろうと、仕事に直接関係なかろうと、約束したことは守るべき

第2章　訪問してから実際にお客様と会う

です。それがビジネスの上での信用と信頼につながります。

　さて、次は仕事の上での宿題の貰い方をお伝えしましょう。この宿題の貰い方の違いで、ソフトハウス営業としての自分のレベルがわかります。

　お客様がプロジェクトでエンジニアの人員が足りていないときの例でお伝えしましょう。
　もし、何の宿題も貰わない場合は、「案件情報ありがとうございます。」とお礼を言って終わってしまいます。
　これが、素人営業です。
　次に、提出しなくても怒られない宿題の貰い方で、「案件情報ありがとうございます。エンジニアをご提案できるか動いてみます。」
　これは、普通の営業です。
　次は、簡単な宿題を貰います。「案件情報ありがとうございます。エンジニアをご提案できるか動いてみます。また、連絡します。」一度、連絡をするという約束をしました。
　ソフトハウス営業でしたら、少し優秀な営業です。
　次は、少し難しい宿題の貰い方であり、そして自分にもプレッシャーが掛かります。「案件情報ありがとうございます。私に今日一日お時間をいただけますか。何とかできないか私が本気で動きますので、今日一日は他に声をかけないで下さい。」
　これは、優秀な営業です。
　たまに、かわいがって頂けるお客様とお会いできたのなら、「君に一日だけ時間をやるから、エンジニアを用意して。」と、お客様からプレッシャーをかけられることもあります。

　さらにステージが進むと、こんな宿題の貰い方になります。
　まずはプロジェクトの全容を把握し「エンジニアは私が用意します。安心して下さい。」と、さも自分が用意することが当たり前のように言い、

更に「○○のようにした方が、もっとよいのではないですか。だから、私は△△についてお調べし、ご連絡いたします。」と、プロジェクト自体にも提案し宿題を作ります。

ここまでくると、エンジニア云々ではなく、どのようにするとお客様が失敗なくプロジェクトを成功できるのかしか考えていません。エンジニアを提案するのは単なる必要事項の一つにすぎなくなります。

ここまでくれば、お客様と下請けの関係ではなく、プロジェクトを成功させるための同志です。

そして、宿題を貰うだけではなく、相手に対しても宿題を課し、お客様にもプレッシャーをかけるようになってきます。

ただし、「エンジニアは私が用意します。安心して下さい。」とお客様に啖呵を切るのは、並大抵のプレッシャーではありません。

正直、お客様に啖呵を切ったときのプレッシャーは、上司から与えられるプレッシャーが可愛く思えるほどでしょう。上司から与えられるプレッシャーは、たとえ達成できなかったとしても怒られるだけでしょうが、自分でお客様に啖呵を切った場合は、達成できなかったら信用と信頼そのものを失うことになります。

ここまでくれば、案件を独占できる営業です。

約束を守ることによってお客様に『安心』を与え信用につながり、約束を単に守るだけではなく、お客様の想像を超えることで『感動』を与えて信頼につながります。

信用と信頼を得るために簡単にできる約束が、宿題を貰うことなのです。

5　会社としてよりも人・個人としての信頼

営業マンは会社の顔だといわれることが多いですが、それ以前にいち個

人でもあります。実際によく仕事の依頼を頂くお客様とは何らかの形で個人的につながっていることが多いはずです。それはなぜか。実はそれが答えなのです。お客様も人間です。気持ちよく仕事をしたいと思っておられます。

　ソフトハウスの営業マンは、転職して同業他社に移る方も数多く存在します。そういう業界は他にも存在しますが、そういう経験をするとよくわかることがあります。個人としての信頼が何より大切だと感じることです。

・コミュニケーションの取り方
　人間関係の構築で、まず大切なのはコミュニケーションをどう取るかです。最近は非常に優れたコミュニケーションツールがあります。TwitterやFacebookなどのソーシャルネットワークです。非常によくできた仕組みだと思います。自分が日々何をしているかをフォロワーに向けて発信でき、フォロワーの日常を垣間見ることができます。

　コミュニケーションの基本は言葉の語源からもそのことがわかります。ここで少しだけ脱線して雑学のお話になりますがコミュニケーションの語源はラテン語のコムニカチオという言葉です。意味は「わかち合う」です。広義な表現ではありますが、わかち合うためにはお互い共通のネタ・共通項が必要です。

　ソーシャルネットワークは、簡単に相手の趣味嗜好を知ることができます。すなわち会話のネタができるワケです。実際は数回しかお会いしていないのに、すでに数回食事でもしたことがあるくらいに仲良くなれたりします。これは営業マンとして使わない手はありません。

・お客様に対してのスタンス
　どんな人でも一度は聞いたことのあるフレーズだと思います。
　「会社とお客様、どっちを向いて仕事をしているのか？」
　私はお客様だと信じています。これについては答えはありません。しかし会社のほうだけ向いて仕事している人を見かけることがありますが、こ

れはきっと間違いです。お客様があってビジネスは成立するのですから、間違いであることは確かです。

　何が言いたいのかというと、お客様や協力会社様に真摯に向き合っているかということです。誠心誠意尽くしますという意識がないと、本当の信頼関係は生まれないです。私が培ってきたつたない経験からではございますが、これは間違いないでしょう。その時々に真剣に向き合ってきたお客様や協力会社様とは今も変わらず関係が続いていますし、何よりそういうスタンスで仕事をしたほうが気分もよいです。

　会社のほうばかり向いて仕事をして、それなりに出世していく人は見かけます。でもそのスタンスではお客様との間に本当の信頼関係を築くのは難しいと思います。営業マンがお客様に好きになってもらうには、そのお客様のことを好きにならなくては関係は築けません。

　数字のために欺いたり、お客様のためにならないことはしてはいけません。好きな相手なら自分を犠牲にしてでもよくしたいと思うはずです。

　そんな考え方で営業が務まるかとお叱りを受けるかもしれませんが、私は今までそうして関係を築いてきています。これからも変わらないと思いますし、自分のスタイルを貫いていくと思います。

　まずは考えるところから始めましょう。勤めている会社によってお客様へのスタンスに違いが出てくるはずです。どう立ち振る舞えばお客様と自社両方が満足いくかを考えましょう。

　しかし営業マンに限らずかもしれませんが、どんな場面でも調整役を仰せつかることも多いのが営業職です。自社の社員のことを思いやり、お客様にもできる限りお役に立てる努力をする。そういうスタンスでいてください。ただし会社がお客様のことを軽く考えているような会社であれば、その理由をキチンと聞いて話をするほうがよいでしょう。理由が納得できるものでなければ、会社と対峙してでも意見を通したほうがよいです。それでも平行線を辿るようであれば、その会社は辞めたほうがよいですし、きっと仕事がつまらないはずです。そんなときは自分の能力を信じて転職

してください。お客様とキチンと向き合えていたなら、会社が変わってもお付き合いください ます。

6 営業は人に会う仕事

・顔を合わす大切さ

　ITの営業だからメールで済ませる。そういう声を聞くことがあります。案件情報をキャッチし請負で受注ができたのなら協力会社様に案件をメールでブロードキャストして…といったような形で利益がずっと生み出せて、その方法で営業としての責務を果たせるのであれば、一番効率的で理想的だとは思います。ただなかなか思うようにいかないはずです。

　やはり営業職の基本は顔を合わせて話すことだと思います。遠方であったり、相手が多忙であったり、時間が無限にあるわけではないので、人と会える時間にも制約があります。そういう制約がある中でお会いできることに価値があります。ベーシックな方法ですが、顔を合わすことが一番効果的な営業方法です。

　実際に少し疎遠になっていたお客様に久しぶりに会うと、なぜかお仕事の話が出てきたりすることが本当に多いです。共感できる方も多いのではないかと思います。

・注意点

　人と会うと言ってもその中身が重要です。気心知れた人とばかり会って仕事をした気になっている営業マンをお見かけしますが、営業マンである限り新規開拓は絶対です。現状維持は下降線を辿ります。そして新しい人と会わなくなると営業の本能が鈍ってきます。

　営業の本能とは大層な表現ですが、この方と仕事になるのか、この方を信用してよいのか、この人はどんな考え方で仕事しているのかなど、営業として持ち合わせていないとダメな能力が下がり続けます。果ては自社案内の説明まで錆びてきます。

会社案内が上手な営業さんを見ると、この方は新規の開拓数がきっと多いのだろうと勝手に予測してしまいます。新規のアポイントが必要な業種には、会社案内やプレゼンが格段にうまい人が多いものです。すごく勉強になるので、現時点ではお願いすることはないとわかっていても、突然お電話頂いた広告媒体系などの営業マンで電話ごしにトークのうまい人には、会うようにしています。実際勉強になることが多いので会うのはオススメです。

　話がそれてしまいましたが、新規で自分磨きをしましょうということです。サボれば営業としての色々な感覚が鈍ってきます。

　それに気づくか否か、営業マンとしてずっと一流であり続けたいのであれば、いつでもプレイヤーとして動ける能力を維持することが必須です。貪欲に日々自分磨きを続けましょう。

・人と会い続ける仕事、それが営業

　回遊魚の生態みたいなタイトルですが、イメージは似ています。端的に営業職は人と会い続けないとダメです。足を止めると数字は必ず落ちていきます。

　ソフトハウスの営業マンには、あんまりこういう意識のある人が少ないように思います。

　派遣系がメインの営業マンになると、社員のアサイン（割り当て）が確定することが最大の目的であるため、目的が達成すると何となく落ち着いちゃう営業さんがいらっしゃると思います。モノを売ってる営業でも同じくノルマが達成したらあとは流すだけみたいな感じと同じです。この状態から何をするかで差がつくのです。余裕があるときに、切羽詰まってないときに新規顧客を探すのです。

　気持ちに余裕があると言動が変わりますし、ガツガツ営業せずにすむので新規訪問は余裕のあるときがオススメです。

　常にそのような意識を持ってください。人間は油断するとすぐにサボり出します。前の章でもお話した通り、キチンとしたスケジューリングをし

て、訪問件数を決めて、定型的に動けるようにするとうまく機能します。

　人に会い続けること、言葉にすると簡単なように思えますが、実はとてつもなく難しいのです。なのでルールや仕組みを作ってロールプレイングゲームをクリアしていくような感覚でできるようにすることが大切なのです。

7　新規は無理してでも顔を合わす

　スケジューリングの項で書きたい内容でしたが、ここで1項使ってご説明したいと思います。上記タイトルにもあります「新規は無理してでも顔を合わす。」はいろいろな意味を含んでいます。

・新しい出会いの価値
　まず営業にとっての新規のお客様・協力会社様との出会いの価値を考えたく思います。皆様いろいろな価値感があると思いますが、新規の顔合わせの価値が低いと思われている方はいらっしゃいませんか？
　これは重要です。まずチェックしなければならないのが、この価値観についてです。
　「そんな急ぎで合わなくてもいいんじゃない？」
　「新規開拓にそんなにチカラ入れなくても、既存顧客だけでも十分だよ。」
　様々な声が聞こえてきそうです。
　ですが、このような考え方の方がいらっしゃれば、いますぐに改めたほうがよいでしょう。営業マンにとって新規開拓は絶対です。既存顧客や協力会社だけで未来永劫安定している業界はすでにもうどこにもありません。また拡大を続けないと現状維持することも難しく、常に新しい出会いが必要です。

　新規について疑問という方は、いまご自身が手がけておられる仕事の価値が低いということです。ここが非常に重要です。

新しい出会いが常に価値のあるモノだと気づいている方の多くは、すでにメリットのある出会いを行っているということ。端的に言えば「類は友を呼ぶ。」です。価値ある取り組みをしていれば、必ず巡り巡って面白い出会いに恵まれます。上記の理論から言えば、まずはご自身を磨くことが必須です。その上で数多くの方にお会いすることを始めると、出会いは濃密で意味のあるものになります。
　スキルアップについては、別の項でご説明致します。

・バッターボックスへはできるだけ多く立つということ
　野球でたとえると、いかに自分の打席を多く作るかが営業マンの仕事です。必ず多くのスイングをした営業マンが強くなります。速い球を数多く見たバッターが、速い球に対応できるようになるのと同じです。

　たとえはこれくらいにして、具体的なことを申し上げると、営業マンも日々鍛錬です。毎日厳しい課題を持って取り組んでいるのか、ただ漠然と日々過ごしているのかです。
　同じように入社した同期は同じような能力を持ってヨーイドンでスタートしたのに、いつの間にか成績に差がついてしまうなんてザラにありますよね。これは営業機会の数に比例して差がついていることが多いのです。営業マンの成長で大切なこと、それはたくさんの人に会うことです。やはり実践に勝るものはありません。
　スケジューリングの項で空き時間を作るのはこのためでもあります。急な要請があったり、ひょんなことから新規でお会いできるチャンスが生まれたとき、時間がタイトでどんなに忙しくても絶対に会うようにしてください。新しい出会いは予想もしない出会いになる可能性があります。
　会う数の分だけチャンスが生まれます。

8　相手の気持ちを考える

　顧客満足を考える上で重要な項目です。簡単に言ってしまうと「気が利く」「気がつく」「相手がどうしてほしいかを察知する」などです。これらは「先を予測するチカラ」かもしれません。
　この感情がお客様との関係性を維持する・成長させる大切な要素なのです。
　具体的なお話に入っていきましょう。
　そんなに難しいことを言うつもりはありません。気の利いた営業マンになるために何が必要か、紐解いていきます。

・心の筋トレから始めよう
　普段から相手の気持ちを考えるクセをまずつけることです。
　といってもなかなか難しいものです。まず始めてほしいのは相手に興味を持つこと。これが原点です。コミュニケーションの原点でもあります。まずは相手がどんな人なのか、普段でも観察するクセをつけていきましょう。
　相手を知るうえで重要なのは、相手にたくさん話してもらう空気を作ることです。聞き上手になれば勝手に相手の情報が入ってきます。
　まず気持ちよく話をしてもらう態勢を作ります。気持ちよく話をしてもらうには、上手に相槌を打つことが必要で、相槌を打つには自分自身のキャパシティも関係してきます。
　端的に好奇心旺盛でたくさんの事に興味を持てる人ならそんなに苦労しないと思います。理想としては浅く広く色々な話に対応できるように、たくさんの趣味とまではいきませんが、知識のある分野を増やすことがカギになります。
　相手の土俵で勝負するような無謀なことはしないようにしましょう。むしろ教えてもらうくらいで考えていれば、毎日の積み重ねで知識は増えます。意識し続けるとそのうちそれが普通になります。

要するに相手を思いやれるかどうかで、自分の能力が格段に変化していくのです。

・本音はなかなか出ないもの
　これは大前提に覚えておいてほしいことです。いくら親交が深くなったとしても、どれだけお仕事でご一緒させて頂いても、人は簡単に本音を言いません。
　だいたいほとんどの言葉には何らかの意図が後ろに隠れていると思ってください。もし特別な意図がないのだとしても、あるものと仮定すべきです。それを読み取るのが営業マンの仕事だと思います。
　ではそれをどうやって読み取るのか。実はこれも答えはありません。私たちはエスパーではなく、普通の人間です。だから相手の細かな変化をキャッチして、過去の傾向などから分析して、仮説を立てて反応を見るわけです。本音がわからない原因は質問不足がほとんどです。当然、検討違いもあるでしょうが、そのような行動を繰り返していると、「自分のためにここまで考えていてくれる」と、相手が気づき、そのことに価値が出てきたりします。
　それを日常的に続けることが、本音を引き出す方法です。ひたむきに向き合うこと、それこそが営業マンの仕事です。

思いやる気持ち

COLUMN

営業マンのサボり方

　外出中のサボり。それは、ソフトハウス営業だけでなく営業職全般に言える話しだと思います。

　著者の2人がブログで書いた記事の中で「営業職はサボりたければいくらでもサボれる職業！」と「営業マンのサボり方」は、他の記事に比べ圧倒的に読まれ、反応がありました。

　まず、営業なんて数字が上がっていたら何をしてもよいという風潮がありますが、数字が上がっている営業さんで、サボることに専念しているような方はいないと思います。

　相対的に多忙な方が多いですし、まさにトレードオフの関係で、多忙であれば当然サボる時間はなく、サボる時間がなければ仕事をしているわけですから、数字は上がります。この項では難しい話をするつもりはありませんので、これくらいで。

　ざっと、営業マンのよくあるサボり場所を記載しましょう。

■パチンコ店

　平日の昼間にパチンコ店を覗くと、大勢のスーツ姿の方がいらっしゃいます。私たちはパチンコをやらないのでわかりませんが、これだけ多いということは、それだけ魅力があるのでしょう。ただ、タバコと騒音の中で業務時間を潰してまで過ごす平日の昼間、得るものはいったい何なんでしょうか。

■喫茶店

　これは、営業職のサボり王道です。

　ただのサボりとは違いますが、ソフトハウスの営業マンの喫茶店の使い方で疑問に思うことがあります。ソフトハウスの営業マンの中には、会社の応接室やミーティングルームではなく、どこかの喫茶店で

アポイントを取りたがる方が多くいます。気軽に話すという目的なら構いませんが、初回のアポイントから喫茶店という方もいらっしゃいます。会社訪問なしで、実態を知らずに取引を開始することがあるのでしょうか。

■コンビニ

少しアポイント時間より早めに到着した時には、軽く立ち読みしたり、夏場なら汗がひくのを待つ時間に活用しますが、中には週刊漫画などを最初から最後まで読む方もいらっしゃいます。

■家電量販店

業務時間を使って自分が欲しいものを物色する。

ただし、ソフトハウス営業として、メーカー系の取引先をお持ちの営業マンは、取引先の製品を見に行き、店員さんから説明を受けるのはお勧めです。取引先の製品をよく知ればお客様との会話の幅も広がります。過去に共同執筆者二人も業務時間中に家電量販店内でバッタリ会うということがありました。

■家に帰る

■公園での読書

■漫画喫茶

■意味のない長距離移動

などなど…。

さらに言えば、競馬場、競艇場、ショップの長蛇の列に並んだり、昼からの酒盛り、ゴルフの打ちっ放しと、サボりの実例を挙げだしたらきりがありません。

どうやってこれらを行う時間を営業マンが作るかと言うと、「空アポ」「アポとアポの合間を多めに取る」「打ち合わせが長引いたことにする」の三つの方法が基本（？）でしょう。

●空アポ
　会社にはお客様にアポイントを取ったふりして、実際にアポイントを取らなければ、丸々空白の時間が手に入ります。
●アポとアポの合間を多めに取る
　アポイントとアポイントの合間の時間を会社に一度戻れないぐらいのぎりぎり時間を取ることで、会社に嘘をつかずに空白の時間を作れます。
●打ち合わせが長引いたことにする
　お客様との打ち合わせを1時間と想定していたが15分で終わった場合、会社には見えない45分の空白時間が手に入ります。

　ただ、わざとでなくてもソフトハウスの営業マンは電車移動が多いため、アポとアポの間など空白の時間はどうしても出てきます。また、ここで記載した場所に行くことが、必ずしもそのままサボりとは言い切れません。

- メーカー系のお客様と打ち合わせ前に製品を見るために家電量販店にいく。
- 情報収集のため、本屋で時間を潰す。
- お客様と食事に行くときに使えそうなお店を探すためにぶらぶらと歩く。
- 喫茶店に一人で行くが、スマートフォンやノートPCからお客様にメールをお送りする。
- 前日が遅くまで仕事をし、頭の回転が遅く効率悪いので30分だけ漫画喫茶で眠る。
- 血の気の多い営業マンが、献血に行く。など…。

結局のところ、サボっているか否かは、本人自身がサボっているという感覚を持っているかどうかです。他の方から見てサボっているように見えても、意義があってその時間を過ごしているなら、おそらくそれはサボりではなくて、仕事の延長上にあるでしょう。
　もし、成績が悪くサボり癖がある部下に悩まされている方がいらっしゃるのなら、どうやったら監視できるかではなく、どうやったら数字に自覚を持ち、考え方を変えることができるかを考えなければならないでしょう。

　大手企業で莫大な費用をかけて監視している会社様はありますが、中小のソフトハウスが監視しようとしたところであまり意味がありません。
・日報を出させる？
　お客様先に訪問したことにして適当に書いたら終わりです。また、サボりが上手い営業は念を押して得意先に訪問したことにしておいてもらうように連絡を入れます。
・スマートフォンに監視用 GPS アプリを入れる？
　無料アプリの規約をよく見て下さい。情報が抜き取られる場合があります。
・お金をかけて監視システムを導入する？
　監視システムを導入した場合は、営業の給料を辞めたくなくなるぐらい高くしておかないと、優秀な営業ほど「動きづらい」「会社は俺を信じていないのか」と、転職の口実を与えることになります。また優秀な営業ほどヘッドハンティングで声が掛かるのが当たり前ということも認識しておいて下さい。

　この本は、決して営業マンのサボりを公認するものでもなければ、

サボりを増長させたいわけではありません。

　数年前のお話をしましょう。著者2人がまだ、そこまで交流がなかった頃です。お会いした場所は何と家具屋。家具を見ながら打ち合わせをし、そして翌日には契約まで至りました。営業マンは他の職種より行動が自由です。だからこそ、自制できないと簡単に楽な方に流れます。常に数字のプレッシャーをもって、ビジネスのことを考え行動していれば、場所や行動は一見サボりに見えてもサボりではなくなります。

　コラム話はここまで。続きは5章で。

昼からパチンコ屋でサボるスーツ姿の営業マンたち。

これから訪問するメーカー製品の情報を得るために、
家電量販店により店員に説明を聞き準備をする。

第 3 章

訪問後のお礼から契約、法律について

1　訪問後のお客様へお礼

　各業界で様々な対応があると思いますが、ソフトハウス営業としての一般的な訪問後の対応についてご紹介します。

　その前に私が以前お世話になった保険業界で実施されていた手法の一部をご紹介します。
　個人・法人問わず、新規訪問の後に官製ハガキでその日お話した内容の簡単なフィードバックとお礼をハガキにしたためて毎回送っている方がいらっしゃいました。その様子を見てそのときは違和感がありました。
　「これってこの先ずっと続けていけるものなのかな？」
　この1点がずっと心にひっかかっていました。
　ここで申し上げたいのは、継続的に続けれるかどうかです。考えてみてください。すごい労力です。
　私にはこれは継続できないと最初から断念しました。ここでのポイントは、継続的に続けれるか否かを判断して、その手法を選んでほしいことにあります。
　途中で止めることはサービスの低下を意味し、顧客の不満につながると考えるためです。
　一方、ソフトハウス営業の世界では、まずハガキでの御礼状は見たことがありません。当然です。普通に考えて対法人ということもありますし、保険業界などとは訪問件数が圧倒的に違うからです。
　※多忙な保険業界の営業マンの方もいらっしゃいますので、一概には申し上げれませんが。
　私たちの業界はやはり御礼メールが一般的だと思います。
　そこで、ここではそのメールの書き方を紐解きたく思います。

・宛名
　これについてはこれが正解という記述はありませんが、できればお名刺

にあるすべての情報を記載することが望ましいです。

例
株式会社○○○○
大阪開発部　営業課　課長　　○○様

　色々な方からメールを頂戴しますが、中には会社名と名前で簡素に済まされている方も多いです。端的に言えばそれでも意味はわかりますし、間違いではないです。
　ただそんなに労力の掛かる作業ではないはずです。最初の一回目だけでもすべての部署・役職・フルネームを記載したほうが望ましいです。こんな細かいところにも人間性が垣間見れます。

・文面
　営業マンによっては定型のスクリプトがあり、それを流用している方が多いと思います。それはかまわないです。ただ会ってお話した内容はスクリプトではなく、色々な会話をしたことだと思います。会話の中心になった内容の感想を述べ、独自の視点を盛り込むと、よりしまった文面になります。

（例）文面抜粋
本日は貴重なお時間を頂戴し誠にありがとうございました。
御社のご状況に関しましても、詳細な内容をお話頂けたこと、
心から感謝致します。
　本日お話にございました○○○○市場の今後の動向については日々変化し、今後急速な拡大が見込まれます。
　動向を見極めて動くことが安全策だとは思いますが、他社の動向を待つのとは別に、スモールスタートしてみるのはいかがでしょうか。
　少しでも早くから着手することで他社様との差別化を図ることがで

> き、今後御社にとって有利な状況を作り出すことが可能です。
> 　御社のお役に立てるべく精進してまいりますので、前向きなご検討を宜しくお願い致します。

　上記は一例ではありますが、自分の意見をしっかり述べることが大切です。その意見というのが自ずと提案にもなります。
　この業界に限らずどの業界の営業マンにも言えることですが、自分の意思なきところに共感の華は咲きません。
　自分の意見をキチンとお伝えしましょう。

・締めの言葉
　ここが次につながるか否かの非常に重要なポイントです。
　まず冒頭にも感謝の意を伝えていますが、最後にもメールを読んで頂いてありがとう、という気持ちを再度伝えます。そしてここから次回お会いした際にはこういう話をしたく思っているという意思表示も大切です。最後に、今後お話したい内容が決まっている場合や、宿題を頂戴しているときは、その旨をお伝えします。

> （例）メール文（途中から）
> 　少し長くなってしまいましたので、本日はこれにて失礼致します。次回お会いした際にはさらに新しい情報や動向と共にご提案したく思います。また折を見てご連絡させてください。
> 　何卒宜しくお願い致します。

　ビジネスの発展を願う相手であれば、当然次の発展を見込んだストーリーが必要です。そのストーリーを作るためにはまず新規情報と市場動向が必要になり、その上でお客様の意向をヒアリングして進んでいきます。
　また、こういう書き方をすることで惰性の定期訪問ができなくなります。そういう訪問がダメだとは言いませんが、貴重なお時間をくださってい

◆件名◆
訪問の御礼　ソフトハウス営業㈱　○○

◆本文◆
○○株式会社
システム部　部長　○○　○○様

お世話になります。
ソフトハウス営業㈱　○○でございます。

本日はご多忙中にも関わらず
お時間を頂戴致しましてありがとうございました。

ご多忙の折、お打合せの時間を頂き、誠にありがとうございました。
またたくさん貴重な情報も頂戴し、これからの業務において
大変に参考になることばかりでした。

今後とも、ご指導ご鞭撻くださいますようにお願い致します。

取り急ぎ略儀ながらメールにて御礼申し上げます。

以上

ありがちなお礼メール

◆件名◆
【ソフトハウス営業㈱】本日はありがとうございました

◆本文◆
○○工業新聞社
○○部　部長
○○　様

お世話になります。
ソフトハウス営業㈱の○○です。

この度はご丁寧なアドバイスを頂戴いたしまして
誠にありがとうございます。
真摯なアドバイスを頂戴出来たこと
本当に嬉しく思います。
またご期待に添えない内容になっておりましたこと、
非常に申し訳ありませんでした。

私も、この業界での営業として駆け出したばかりで
手探りの状況でございます。
今回頂きましたアドバイスをふまえて
再度成長した私を見て頂きたく思っております。

何卒宜しく御願いいたします。

一歩一歩進めていきたく思っておりますので
また○月に入りましたら一度ご挨拶に
お伺いさせてください。

以上、宜しく御願い致します。

反省と次回アポイントを書いたお礼メール

◆件名◆
【ソフトハウス営業㈱】昨日の御礼

◆本文◆
○○株式会社
システム部　部長　○○　○○様

お世話になります。
ソフトハウス営業㈱　○○でございます。

ご丁寧なメッセージを頂戴し誠にありがとうございます。
本来であれば私のほうから先に御礼を申し上げるところ、
恐縮でございます。

昨日は貴重なお時間に加え、非常に興味深いお話がございました。
私もIT業界の営業マンとして一石を投じたく、奮闘しようと決めました。
今後にご期待ください。

また途中話題に上がりました○○についても触れられていて、
メールの文面を読んでいたところ、
デスクで思い出し笑いをしてしまいました。

またこの件については食事の際に盛り上がりましょう。

取り急ぎのご返信と御礼でございました。

朝晩の気温変化が著しい今日この頃でございますので、
風邪などひかれないよう、お体をご自愛くださいませ。

あつい気持ちを乗せたお礼メール

◆件名◆
本日の御礼 と 経歴書（ソフトハウス営業㈱）

◆本文◆
○○株式会社
システム部　主任　○○　○○様

お世話になります。ソフトハウス営業㈱　○○です。

本日はお忙しい中お時間を頂き、ありがとうございました。

早速ですが、約束していました１０月からご提案できる可能性がある
エンジニア２名の経歴書をお送り致します。

●ＫＮ
　Java をメイン言語として開発しているエンジニアです。
　黙々と作業を熟すタイプのエンジニアですが、
　開発においてのコミュニケーション力はありますし、
　テクニカルスキルが抜群に高いです。

●ＳＴ
　C++ で組込制御をメインに開発してきたエンジニアです。
　コミュニケーション能力も高く、リーダー経験もございます。

９月末で現在のプロジェクトが終わる可能性が高いですが、
本日（８月８日）時点では、１０月スタートの案件に向け
正式にはご提案できませんので、
また、正式に９月末の延長有無がわかりましたらご連絡いたします。

以上、宜しくお願い致します。

エンジニアの提案を含めたお礼メール

る相手に対して敬意があれば、きっと意味のある時間にできるはずです。

　自分への戒めにもなり、よりキチンと情報を集めて意味のある時間を作る努力をするようになることが、このメッセージの意図でもあります。

2　派遣契約・準委任契約・請負契約

　ここからは、具体的にソフトハウス営業の契約の種類や法律について、お伝えしていきましょう。今までの内容とテンポが変わり、小難しい内容が多くなりますがご勘弁ください。大事なポイントです。

※法律は変わるものです。執筆中にも派遣法が大きく変わろうとしています。本書の内容は、2014年時点の説明であることをご理解下さい。

　まず、ソフトハウス営業の契約の種類は、主には「請負契約」「準委任契約」「派遣契約」があります。

【請負契約】
　請負契約とは、仕事の完成を目的とする契約を言います。通常、請負人は成果物を期日通りに完成させ、発注者（注文者）から対価を頂きます。ソフトハウスの場合は、成果物がシステムに関するプログラムであったりドキュメント（書類）であることが多数です。

> 民法632条
> 　請負は、当事者の一方がある仕事を完成することを約し、相手方がその仕事の結果に対してその報酬を支払うことを約することによって、その効力を生ずる。

　請負契約に基づき、請負人には次の義務を負います。
- ●完成責任があります
- ●瑕疵（かし）担保責任があります（原則として1年間）
　　※民法637条、634 − 636条

●指揮命令権は請負人が行います

一方発注者側には次の特徴があります（義務ではありません）。
●指揮命令権がありません
●完成物の明確な定義（要件定義等）が必要になります

【準委任契約】
　準委任契約とは、法律行為ではない業務を委託する契約になります。

> 民法第643条
> 　委任は、当事者の一方が法律行為をすることを相手方に委託し、相手方がこれを承諾することによって、その効力を生ずる。
>
> 民法第656条
> 　この節の規定は、法律行為でない事務の委託について準用する。

　つまり、法律に関する内容を委任する場合は委任契約で、それ以外が準委任契約になります。
　そのため、システム開発の業務で使われるものは、開発行為という事実行為を委託するものですので準委任契約になります。

　準委任契約には受託者側に以下のような特徴があります。
●完成責任はありません
●瑕疵担保責任はありません
●システム開発業務の準委任関係においては、業務の遂行については一般的に委託者への「報告書」をもって行います
●指揮命令権は受託者にあります（注文者には指揮命令権はありません）

　システムの保守運用やユーザーサポートの業務委託は、請負契約より準

委任契約で行われることが多くあります。

　IT業界では、この準委任契約に近い内容の契約で、「業務委託契約」や「SES（システムエンジニアリングサービス）」という表現を使う場合があります。ただし、これらの表現を使う場合は、法的性質が明確でないことが多く、その実質により請負契約であるか準委任契約であるかが判断されることになることが多くあります。

　また、これら契約の解釈はくせ者です。
　今日ほど、二重派遣や偽装請負について取締まりが厳しくなかった時代は、この請負契約や準委任契約と言いつつも、二重派遣というよりは四重、五重派遣や偽装請負が横行していました。
　開発プロジェクトの人材が不足しているため、取引先のソフトハウスから紹介して頂くと、どこの所属かも全くわからない3次請け、4次請けのエンジニアということがあり得ました。間に入っている会社は、中間マージンだけ搾取し、上位のお客様に紹介するのです。
　請負契約なら3次でも4次でも問題なく、また同様に準委任契約は業務を委託するので、3次でも4次でも同じ業務を委託していけば法律として問題ないのでは、という解釈をされる方がまれにいらっしゃいますが、大きな間違いです。

　例えば、お客様先での常駐作業の場合、「準委任契約で業務を委託されて作業している」と口では言っていても、基本的にはお客様からの現場指示で開発を行います。
　お客様からの指揮命令で開発を行うことは、次に説明する派遣契約です。準委任契約の場合は、指揮命令権は発注者ではなく受託者にあります。
　現場で、お客様先でお客様からの指揮命令を元に開発するときの契約は「派遣契約」ということをご理解下さい。派遣契約には2次も3次もありません。二重派遣は法律違反です。

【派遣契約】
　労働者派遣とは、派遣先との労働者派遣契約に基づき、派遣元事業主が自己の雇用する労働者を派遣先の指揮命令を受けて派遣先の業務に従事させることを言います。

　派遣契約の特徴としては以下のものがあります。
●完成責任はありません
●瑕疵担保責任はありません
●指揮命令権は発注者（派遣先）にあります
●その他、労働者派遣法等の制約を受けます

　システム開発において「客先常駐型」の業務については、その契約が「請負契約」、「準委任契約」になるか「派遣契約」のいずれになるかはケースバイケースですが、指揮命令権がどちらの側にあるかという違いによって契約の種類を分けます。

【出向】
　会社の業務命令などの理由で、雇用関係にある企業に在籍をしたまま、子会社や関連会社で業務に従事することを言います。
　金融機関では、親会社・子会社間などのグループ企業間や、融資先企業間などで幅広く行われているようです。

　ただし、この出向が、2013年IT業界において、名古屋で大きな問題として取り上げられました。資本関係にない会社からエンジニアを在籍出向契約という形態を取り交わしてお客様に派遣するのです。要するに、契約書だけを変えた二重派遣です。

　出向に関しては直接定められた法律が何もなく、規定に曖昧なところが

ありますが、金融業界でのグループ企業間や融資先への出向を例に見ても、一つは資本関係があるかどうかがポイントになるでしょう。

疑わしくは罰せられ、一つの法令違反で、企業の存続が難しくなることもありますので、法令遵守（コンプライアンス）が必要です。

3　ソフトハウスが知るべき法律について

ソフトハウスの営業として働く上で、いくつか最低限知っておかなければならない法律があります。

「下請法」「不正競争防止法」「個人情報保護法」「労働法」、そして「派遣法」。
この辺りは知っておかなければならないでしょう。
本書は、法律の教科書ではないので、それぞれの法律について詳しくは書きませんが、概要と簡単なソフトハウス営業が法律に出くわす場面をお伝えします。

【下請法】

下請法は、下請代金支払遅延等防止法の略称で、その名の通り「下請代金の支払遅延等を防止すること」を目的とした法律です。ソフトハウスのような小規模会社が、大企業から発注を頂く際に、大企業である発注者は行為を大幅に規制され、下請業者は厚く保護されます。

プログラム等の情報成果物の作成委託がなされる場合、下請法が適応される会社規模は以下のとおりになります。

　①親事業者の資本金が5000万円超で、下請事業者の資本金が5000万円以下または個人事業者

　②親事業者の資本金が1千万円超5000万円以下で、下請事業者の資本金が1千万円以下または個人事業者

(※製造委託、仕様を指定して外注する場合は、5000万円ではなく3億円基準が適用されます。情報成果物作成委託と役務提供委託は、5000万円基準が適用されます。但し、情報成果物作成委託のうちプログラム作成、役務提供委託のうち運送、倉庫保管、情報処理には3億円基準が適用されます。)

　ざっくり内容を知りたければ、公正取引委員会ホームページ（http://www.jftc.go.jp/shitauke/shitaukegaiyo/oyakinsi.html）にわかりやすく書かれています。

　ソフトハウス営業でよく関係するものが、支払いサイト（サイトとは納品後から支払いまでの期日）です。

・支払期限の最長期限（60日）の制限　〈第4条第1項第2号、第2条の2〉

　要するに、納品後60日以内に発注者は代金を支払わなければなりません。契約書に「締め支払い：3月末締め・6月末現金払い」と書かれていたら90日サイトですので、下請法に抵触します。

　余談ではありますが、SIerやITベンダーなどシステムに関する企業がお客様でしたら、60日以内に現金で支払って頂けることがほとんどです。
　ただし、もしエンドユーザーやメーカとの取引を増やしていくのなら以下も覚えておく必要があります。

・手形サイトは、原則として、120日以内（繊維業にあっては90日以内）の制限〈第4条第2項第2号〉

　これは非常に厄介です。「60日以内の振り出し＋最大120日の支払サイトの手形＝180日」まで事実上支払サイト延長が可能になるのです。
　下請法の最大期限を書きましたが、営業でしたらお客様からの提示サイトが長いのであれば提示を受け入れるのではなく、会社のキャッシュフローやリスク低減を考え1日でもサイトを短くするように交渉しなければ

なりません。交渉しないということは営業の怠慢でしかないでしょう。

【不正競争防止法】

　請負い開発を行っているのなら、無体財産を保護するための法律も知っておいたほうがよいでしょう。

　ソフトハウスとして知っておいた方がよいポイントだけをお伝えします。

・周知表示に対する混同惹起行為（2条1項1号）
・著名表示冒用行為（2条1項2号）
・商品形態模倣行為（2条1項3号）
　広く知られた商品表示によく似た表示、類似表示を使用した商品を作り、売るなどして、市場において混同を生じさせる行為や、他人の商品の形態を模倣した商品を作ったり、売ったりする行為、他人の著名な商品表示を、自己の商品表示として使用する行為を禁止されています。（普通名称・慣用表示の使用、自己氏名の使用、先使用など適用除外があります。）
・営業秘密不正取得・利用行為等（4〜9号）
　企業の内部において、秘密として管理されている（秘匿性）製造技術上のノウハウ、顧客リスト、販売マニュアル等の有用な情報（有用性）であって、公然と知られていない（非公知性）ものを違法な手段で取得・使用したり他人に売却したりする行為は禁止されています。
・技術的制限手段に対する不正競争行為（10号、11号）
　デジタルコンテンツのコピー管理技術、アクセス管理技術を無効にすることを目的とする機器やプログラムを提供する行為は禁止されています。（技術的制限手段の試験又は研究のために用いられる場合を除きます）。
・不正にドメインを使用する行為（12号）
　不正の利益を得る目的または他人に損害を加える目的で、他人の特定商品等表示と同一または類似のドメイン名を使用する権利を取得・保有し、またはそのドメイン名を使用する行為は禁止されています。

・品質内容等　誤認惹起行為（13号）
　商品の原産地、品質、製造方法等について、誤認させるような表示をする行為は禁止されています。
・信用毀損行為（14号）
　競争関係にある他人の営業上の信用を害する虚偽の事実を告知し、または、流布する行為は禁止されています。

　知的財産権法の中には、「特許法」「実用新案法」「意匠法」「商標法」「著作権法」など他にもございますが、ソフトハウス営業は法律家ではありませんので全てを理解する必要はありません。ただし、会社の顧問弁護士や営業としての独自のコネクションで仲良くなった専門家など、わからないときに質問できる相手は作っておきましょう。

【個人情報保護法】

　個人情報保護法は略称で、正式には「個人情報の保護に関する法律」といい、個人情報を取扱う事業者に対して個人情報の取り扱い方法を定めた法律です。

> 　個人情報の保護に関する法律についての経済産業分野を対象とするガイドライン
> 　http://www.meti.go.jp/policy/it_policy/privacy/041012_hontai.pdf

　そもそも「個人情報」とは何を指すのでしょうか。個人情報保護法では、以下のように「個人情報」を定義しています。

> 　（定義）
> 　第二条　この法律において「個人情報」とは、生存する個人に関する情報であって、当該情報に含まれる氏名、生年月日その他の記述等

により特定の個人を識別することができるもの（他の情報と容易に照合することができ、それにより特定の個人を識別することができることとなるものを含む。）をいう。

「生存する個人に関する情報」
「特定の個人を識別することができるもの」
「他の情報と容易に照合することができるもの」
の3つがポイントです。

ソフトハウスの営業をしていると、スキルシートが飛び交います。個人情報保護法に基づき、氏名はイニシャルで、住所は市や区まで、生年月日は書かずに年齢だけを記載など、個人を特定できない状態にして提示することが必須になります。

また、近年では個人情報保護やセキュリティ意識が高まっており、Ｐマーク（プライバシーマーク制度）やISMS（ISO27001）の認証取得をするソフトハウスが近年では非常に増えています。

【労働法】

労働法とは、労働法という法律が制定されているのではなく、労働基準法や労働契約法など、労働に関する法律の総称です。

ここでは、自分自身の労働ではなくソフトハウス営業という立場で知っておかなければならない点だけをお伝えします。

一番気にしなければならないことは担当しているエンジニアたちの労働時間についてです。

システム開発のお仕事は、納期間近で進行が悪いプロジェクトは高稼働が続きやすくなります（業界では「火が噴く」や「炎上」と言います）。そうなると、納期優先で勤務時間を顧みず残業・休日出勤が発生します。

エンジニアがそのようなプロジェクトに参画していた場合、労働基準法と36（サブロク）協定を盾にお客様と交渉しなければなりません。

まず、労働基準法では「法定の労働時間、休憩、休日」で以下のように定められています。

●使用者は、原則として、1日に8時間、1週間に40時間を超えて労働させてはいけません。
●使用者は、労働時間が6時間を超える場合は45分以上、8時間を超える場合は1時間以上の休憩を与えなければいけません。
●使用者は、少なくとも毎週1日の休日か、4週間を通じて4日以上の休日を与えなければなりません。
（厚生労働省のページより）
http://www.mhlw.go.jp/stf/seisakunitsuite/bunya/koyou_roudou/roudoukijun/roudouzikan/index.html

4週間を通じて4日以上の休日を与えなければなりません。

また、各会社では、36協定という時間外労働に関する協定が定められていることが多いです。労働基準法第36条に定められているためサブロク協定と呼ばれています。

また、営業という立場での書籍のため詳しくは記載しませんが、たとえ36協定があったとしても、時間外労働がなされた場合には、使用者は割増賃金を支払う必要があります。

例えば、『月の残業時間は法定労働時間より45時間、年の残業時間は法定労働時間より360時間。ただしプログラマー、SEについて「緊急の依頼があった場合」にのみ「労働者の同意を得て」、1年のうち6回を限度として、1ヶ月法定労働時間より60時間、1年法定労働時間より700時間まで延長することができる。なお、延長時間を超えた場合の割り増し賃金率は25％とする』などです。

> 　時間外労働の限度に関する基準資料は厚生労働省の以下のURLからPDFファイルを参照できます。
> http://www.mhlw.go.jp/new-info/kobetu/roudou/gyousei/kantoku/dl/040324-4.pdf

　これらについては労働基準監督署の捺印があり会社で保管されています。

　例えば上記の36協定の場合でしたら、法定労働時間が月160時間の月の場合、MAX259時間までの労働が可能になります。

　ただ、酷い開発プロジェクトは月300時間を超えるほど火が噴くこともあります。

　火が噴きそうであれば、残業時間が36協定内に収まるよう、超過前に営業がしっかりお客様と交渉しなければなりません。法令遵守は当たり前ですが、何よりエンジニアが倒れてしまっては元も子もありません。

　このように関連する法律を知っているだけで交渉の幅は広がります。法律は企業として絶対ですから、身を守る最強の武器です。

（※執筆時点で有効な法令に基づいており、執筆後の法改正その他の事情の変化に対応していないことがありますので、くれぐれもご注意ください。）

4　契約の業務フロー（見積書・注文書・基本契約書）

　ソフトハウスの営業活動を行う上で必ず出てくる契約書について、フローと合わせてお伝えしましょう。

　まず、覚えておかなければならないのが、書類についての名前です。

　「見積書」「注文書」「注文請書」「納品書」「受領書」「請求書」「領収書」「基本契約書」「NDA」「労働者派遣個別契約書」「派遣元管理台帳」「派遣先管理台帳」「就業条件通知書」などです。

【NDA】

NDAとはNon-Disclosure Agreementの略で、秘密保持契約／機密保持契約／守秘義務契約などと呼ばれています。

要は、システム開発にあたり一般公開されていない情報のやり取りをするために、その情報を外部に漏らさないために交わす契約のことです。

【基本契約書】

次に基本契約書は、継続的に取引を行う際の基本的な契約条件を定めるものであり、その基本契約に基づいて、個別の見積書や個別契約書で発注がなされるものです。

ソフトハウスの中には、基本契約書の締結の際、一切、目を通さずに捺印する会社があります。「瑕疵担保」であったり「損害賠償」などの項目ももちろん入っていますので、もし、一般的な内容を一脱した不利な条件が書いてある場合は、営業が締結前に内容変更の交渉をしなければなりません。

【見積書】

開発の依頼に対し請け負った側が、その開発を達成するためにどれくらいの価格、期間になるかを計上して、依頼主に提出する書類のことです。発注者は見積書の内容から、仕事を発注するか否かを判断することができます。準委任契約の場合は発注することを前提に見積書を取ることが多く、請負の場合は価格を知るためだけのものになる場合や、発注の判断を下すためのものになる場合があります。

見積書の一般的な書式は、納品するお客様の名前、日付、自社の名前、連絡先、社印、品名、見積金額、納期日、検収日、納品場所、支払い方法を記し、見積金額に至った各項目の詳細を表形式で記します。

【注文書・注文請書】

見積書に対し、正式に開発を依頼するときに発注者側が発行するもので

す。注文書にも基本的には見積書と同じように、品名、発注金額、納期日、検収日、納品場所、支払い方法などの記載があります。

注文書は注文請書と一対で用いられ、発注者が注文書を受注者に渡し、受注者が注文請書を発注者に渡すことで契約が成立するのが通例です。

【労働者派遣個別契約書】

労働者派遣個別契約書（IT業界では略して個別契約書ということが多い）は、派遣を開始する前に派遣先と派遣元との間で交わさなければなりません。派遣契約に際して必要最低限定めるべき事項については、次節で詳しく説明します。

【派遣元管理台帳】

派遣元である会社は、労働者派遣を行うにあたって、派遣元責任者を選任し、派遣労働者の記録となる派遣先管理台帳を作成しなければなりません。派遣先管理台帳は、最後の派遣終了時から3年間の保存が必要です。また、派遣元責任者は誰でもできるわけではなく、一定の条件があります。

【就業条件通知書】

お客様先で派遣契約のエンジニアに作業をさせる場合、本人にも就業条件を明示しなければなりません。明示しなければならない主な事項は次の通りです。

1. 業務内容
2. 派遣先の名称・所在地・就業場所
3. 指揮命令者
4. 派遣期間・就業日
5. 始業・終業時刻・休憩時間
6. 安全及び衛生に関する事項
7. 苦情の処理の申し出先
8. 派遣労働者の雇用の安定を図るために必要な措置に関する事項

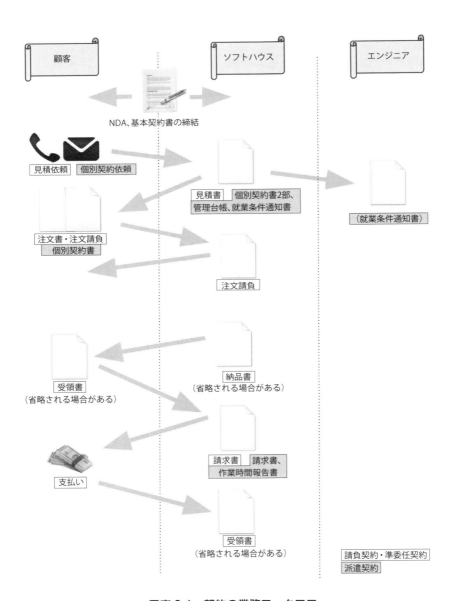

図表 3-1　契約の業務ワークフロー

9. 紹介予定派遣の場合はその事項
10. 抵触日
11. 派遣元責任者及び派遣先責任者
12. 時間外、休日労働
13. 派遣労働者の福祉の増進のための便宜の供与に関する事項
14. 派遣受け入れ期間の制限を受けない業務に関する事項

　さて、書類の概要を説明したところで、次はフロー（図表3-1）をお伝えしましょう。

　まずは、NDAと基本契約書を締結します。（NDAで秘密情報のやり取りができるようになり、基本契約で取引ができるようになります。）
　その後、請負契約や準委任契約の場合は、お客様に見積書をお送りし、注文書と注文請書を受けとり、注文請書を送り返して完了です。
　派遣契約の場合は、労働者派遣個別契約書2部と派遣先管理台帳をお客様にお送りすると同時に、派遣元管理台帳を作り社内保管し、就業条件通知書をエンジニアに送ります。そして、労働者派遣個別契約書が1部お客様から返送があり、完了です。
　ただし、お客様によっては独自システムやフローをお持ちの会社様もありますので、お伝えしたフローは通例であり、絶対ではありません。

5　労働者派遣個別契約書作成の上で確認すべき内容

　派遣契約ないし準委任契約などで、エンジニアがお客様先に常駐して作業を行う際の契約時に、必要最低限の確認事項をお伝えします。

　確認事項としては準委任契約で見積書を作るよりも派遣契約で個別契約書を作る方が多くなります。

まずは、準委任契約から確認していきましょう。
・案件内容（従事する業務の内容）
・作業場所
・契約期間
・単価・精算方法
・基準時間幅
・超過単価・控除単価
・締め支払い
・時間単位（日々・月間）

　ここで、営業として交渉を行わなければならないところが2点あります。
　まずは、お金に関するところです。精算方法に関してはIT業界では2種類のパターンが多いです。
　一つが時間単価による精算です。例えば、「3800円/時間」などで契約すると、エンジニアが一ヶ月に160時間労働した時の請求額は3800×170＝646000円の売り上げになります。

　もう一つの精算方法が月額単価による精算です。例えば「700000円/月（160-180H）」で契約をすると、エンジニアが月に160時間から180時間労働した場合は、700000円の売り上げになります。もしそれ以下、またそれ以上の労働時間だった場合は契約時に取り決めた控除単価や超過単価をもとに、控除精算または超過精算を行います。
　例えば控除単価は700000円÷160時間＝4370円（10円未満切り捨て）、超過単価は700000円÷180時間＝3880円（10円未満切り捨て）になります。もし、月に196時間、エンジニアが作業を行った場合、700000円＋（16時間×3880円）＝762080円が売り上げになります。
　時間枠に関しては160〜180時間が多いですが、140〜170時間であったり、160〜200時間であるなど、お客様によって様々です。ただ、単純に月額単価の交渉だけではなく、時間枠についても営業なら少しでも利益

を出すように交渉しなければならないでしょう。

　もちろん上記計算方法だけが全てではございません。月の営業日数から計算するお客様もいますし、100時間未満だったときは別の計算式を使うなど、他の精算方法を用いるお客様もいます。ここでお伝えしたのは、まずは基本となる精算方法です。

　もう一つの交渉ポイントは締め支払いについてです。もし、お客様が月末締め翌月末払いとサイトが30日でしたら交渉の必要はないと思いますが、月末締め翌々月末払いとサイトが下請法ぎりぎりの60日だった場合は、少しでも短くなるように交渉すべきです。
　営業としての立場だと、支払いサイトを縮めるメリットをあまり感じ取れませんが、経営の立場からはキャッシュフローのことを考えると非常に重要なポイントになります。

　次に、派遣契約の確認事項です。準委任契約よりも項目が増えます。
　労働者派遣契約（個別契約）の記載事項は次の通りです。

1. 派遣する労働者の人数
2. 従事する業務の内容
3. 派遣先の名称・所在地・就業場所
4. 派遣先の指揮命令者
5. 派遣期間、就業日
6. 始業・終業・休憩時間
7. 安全衛生に関する事項
8. 苦情申出窓口と苦情処理方法
9. 契約解除にあたって講ずる措置
10. 紹介予定派遣である場合はそれに関する事項
11. 受入期間の制限を受ける業務の場合は抵触日
12. 派遣元責任者、派遣先責任者

資料3

労働者派遣個別契約書

契約No. 12345
平成24年9月20日

三重労働局株式会社(乙)は、株式会社ハローワーク(甲)に対し、次の条件のもとに、労働者派遣を行うものとする。

派遣先	（名称）株式会社ハローワーク　（所在地）津市島崎町○○○－○○　（電話）（059）○○○－○○○○
就業場所	☆受入期間の制限のある業務は、必ず組織の最小単位の部署名まで記載すること （名称・所在地）　　　　　　　　　　　　　（部署） 株式会社ハローワーク三重工場　津市島崎町327－2　製造部情報関連機器課システム開発係　（電話）（059）△△△－△△△△
業務内容	☆政令業務は、条番号及び号番号を記載【記載例（政令第4条第1項第○号業務、又は政令第5条第△号業務）】 情報関連機器に関わるシステム開発業務（政令第4条第1項第1号業務）
派遣期間	平成24年10月1日から平成27年9月30日
就業日	月・火・水・木・金　（但し、祝日は除く）
指揮命令者	（部署）　　　　　　　　　　（役職）　　　　　　　　　　（氏名）　　　　　　　　（電話） 製造部情報関連機器課　情報関連機器課システム開発係長　三品彦左　（059）○○○－△△△△内線×××
派遣先責任者	（部署）　　　　　　　　　（役職）　　　　　　　　　　　（氏名）　　　　　　　　（電話） 情報関連機器課　　　情報関連機器課長　　　　　山下鬼太郎　（059）○○○－××××内線△△△△
派遣元責任者	（部署）　　　　　　　　　（役職）　　　　　　　　　　　（氏名）　　　　　　　　（電話） 派遣事業部　　　　　コーディネーター　　　　　　海光永吉　（059）△△△－××××
就業時間 （休憩時間）	☆シフト制により定まらない場合はその旨を記載【記載例（別添シフト表による）】 9時00分から18時00分　　　（休憩時間12時00分から13時00分までの60分間）
時間外（休日）労働	☆派遣元事業主が「時間外労働休日労働に関する協定届」が労働基準監督署へ届出していること 1日5時間月36時間年360時間（休日労働月2日9時から20時までの8時間）※派遣元36協定の届出の範囲内とする
安全及び衛生	☆派遣労働者が業務遂行するに当たっての安全・衛生を確保する為の必要事項を記載 プレスによるはさまれ災害を防止するため、光線式安全装置と両手操作式安全装置を併用する事、防音保護具を支給する。
福利厚生	☆便宜供与が図られる内容を具体的に記載すること 制服の貸与あり、食堂の利用可、駐車場の利用可
派遣人員	1人
苦情の申出先 処理方法・ 連携体制	(1)苦情の申出を受ける者 『申出先』(乙　派遣元) （部署）　　　　　　（役職）　　　　　　（氏名）　　　　　　（電話） 派遣事業部　　　派遣事業部長　　　浅井五右衛門　　（059）×××－○○○○ 『申出先』(甲　派遣先) （部署）　　　　　　（役職）　　　　　　（氏名）　　　　　　（電話） 製造部　　　　　製造部長　　　　松井雅美　　　（059）×××－△△△△ (2)苦情処理方法、連携体制等 ① 甲における(1)記載の者が苦情の申出を受けたときは、ただちに派遣先責任者へ連絡することとし、当該派遣先責任者が中心となって誠意をもって遅滞なく、当該苦情の適切かつ迅速な処理を図ることとし、その結果について必ず派遣労働者に通知することとする。 ② 乙における(1)記載の者が苦情の申出を受けたときは、ただちに派遣元責任者へ連絡することとし、当該派遣元責任者が中心となって誠意をもって遅滞なく、当該苦情の適切かつ迅速な処理を図ることとし、その結果について必ず派遣労働者に通知することとする。 ③ 甲及び乙は、自らでその解決が容易であり、即時に処理した苦情の他は相互に遅滞無く通知するとともに、その結果について必ず派遣労働者に通知することとする。
派遣労働者の雇用の安定を図るために必要な措置	(1)労働者派遣契約の解除の事前の申入れ 　甲は、専ら甲に起因する事由により、労働者派遣契約の契約期間が満了する前の解除を行おうとする場合には、乙の合意を得ることはもより、あらかじめ相当の猶予期間をもって乙に解除の申入れを行うこととする。 (2)派遣先における就業機会の確保 　甲及び乙は、労働者派遣契約の契約期間が満了する前に派遣労働者の責に帰すべき事由によらない労働者派遣契約の解除を行った場合には、甲の関連会社での就業をあっせんする等により、当該労働者派遣契約に係る派遣労働者の新たな就業機会の確保を図ることとする。 (3)損害賠償等に係る措置 　甲は、甲の責に帰すべき事由により労働者派遣契約の派遣期間が満了する前に労働者派遣契約の解除を行おうとする場合には、派遣労働者の新たな就業機会の確保を図ることとし、これができないときには、乙が労働者派遣契約に係る派遣労働者を休業させること等を余儀なくされたことにより生じた損害に相当する額以上の額について、乙に対しやむを得ない事由により当該派遣労働者を解雇する場合は、甲による解除の申し入れが相当の猶予期間をもって行われなかったことにより、乙が解雇の予告をしないときは少なくとも30日分以上の賃金に相当する額（解雇の予告をした日から解雇の日までの期間が30日に満たないときは当該解雇の日の30日前から当該予告の日までの日数分以上の賃金に相当する額）についての損害の賠償を行わねばならないこととする。その他甲は乙と十分に協議した上で適切な善後処理方策を講ずることとする。また、甲及び乙双方の責に帰すべき事由がある場合には、甲及び乙のそれぞれの責に帰すべき部分の割合についても十分に考慮することとする。 (4)労働者派遣の解除の理由の明示 　甲は、労働者派遣契約の契約期間が満了する前に労働者派遣契約の解除を行おうとする場合であって、乙から請求があったときは、労働者派遣契約の解除を行った理由を乙に対して明らかにすることとする。

（派遣先）
（甲）（所在地）津市島崎町△－△△－△
　　（事業所名）株式会社ハローワーク
　　（代表者名）三ツ井馬三郎

（派遣元）
（乙）（所在地）津市羽所町○○－○○－○○
　　（事業所名）三重労働局株式会社
　　（代表者名）浅川平蔵
　　（許可番号）般24－300000

図表 3-2
（厚生労働省　資料より）

資料4

就業条件明示書

契約No.12345
平成24年9月21日

松本鯉太郎 殿

(所在地) 津市羽所町〇〇-〇〇-〇〇
(事業所名) 三重労働局株式会社
(使用者職氏名) 代表取締役　浅川平蔵
(許可番号) 般24-300000

次の条件で労働者派遣を行います。

派遣先	(名称) 株式会社ハローワーク　(所在地) 津市島崎町〇〇〇-〇〇　(電話) (059)〇〇〇-〇〇〇〇
就業場所	(名称・所在地) 株式会社ハローワーク三重工場　津市島崎町327-2　(部署) 製造部情報関連機器課システム開発係　(電話) (059)△△△-△△△△
業務内容	☆政令業務は、条番号及び号番号を記載【記載例 (政令第4条第1項第〇号業務、又は政令第5条第△号業務)】 情報関連機器に関わるシステム開発業務 (政令第4条第1項第1号業務)
派遣期間	平成24年10月1日から平成27年9月30日
就業日	月・火・水・木・金　(但し、祝日は除く)
指揮命令者	(部署) 製造部情報関連機器課　(役職) 情報関連機器課システム開発係長　(氏名) 三品彦左　(電話) (059)〇〇〇-△△△△内線×××
派遣先責任者	(部署) 情報関連機器課　(役職) 情報関連機器課長　(氏名) 山下鬼太郎　(電話) (059)〇〇〇-××××内線△△△
派遣元責任者	(部署) 派遣事業部　(役職) コーディネーター　(氏名) 海光永吉　(電話) (059)△△△-××××
就業時間 (休憩時間)	☆シフト制により定まらない場合はその旨を記載【記載例 (別添シフト表による)】 9時00分から18時00分　(休憩時間) 12時00分から13時00分までの60分間
時間外 (休日) 労働	1日5時間　1月36時間　年360時間 (休日労働　月2日9時から20時までの8時間)※派遣先36協定の届出の範囲内とする
安全及び衛生	派遣先は、労働者派遣法第44条から第47条までの規定する自己に課された責任を負う
福利厚生	☆便宜供与が図られる内容を具体的に記載すること 制服の貸与あり、食堂の利用可、駐車場の利用可
苦情の申出先 処理方法・ 連携体制	(1) 苦情の申出を受ける者 『申出先』(乙　派遣元) (部署) 派遣事業部　(役職) 派遣事業部長　(氏名) 浅井五右衛門　(電話) (059)×××-〇〇〇〇 『申出先』(甲　派遣先) (部署) 製造部　(役職) 製造部長　(氏名) 松井雅美　(電話) (059)×××-△△△△ (2) 苦情処理方法、連携体制等 ① 甲における(1)記載の者が苦情の申出を受けたときは、ただちに派遣先責任者へ連絡することとし、当該派遣先責任者が中心となって誠意をもって遅滞なく、当該苦情の適切かつ迅速な処理を図ることとし、その結果について必ず派遣労働者に通知することとする。 ② 乙における(1)記載の者が苦情の申出を受けた時は、ただちに派遣元責任者へ連絡することとし、当該派遣元責任者が中心となって誠意をもって遅滞なく、当該苦情の適切かつ迅速な処理を図ることとし、その結果について必ず派遣労働者に通知することとする。 ③ 甲及び乙は、自らでの解決が容易であり、即時に処理した苦情の他は相互に遅滞なく通知するとともに、その結果について必ず派遣労働者に通知することとする。
労働者派遣契約の解除に当たって講ずる派遣労働者の雇用の安定を図るための措置	派遣労働者の責に帰すべき事由によらない労働者派遣契約の解除が行われた場合には、派遣先と連携して他の就業先をあっせんする等により新たな就業機会の確保を図ることとする。また、労働者派遣契約の解除に伴い派遣労働者を解雇しようとする場合には、少なくとも30日前に予告することとし、30日前に予告しないときは労働基準法第20条第1項に基づく解雇手当を支払うこと、休業させる場合には労働基準法第26条に基づく休業手当を支払うこと等、雇用主に係る労働基準法等の責任を負うこととする。
当該業務について派遣先が派遣受入期間の制限に抵触することとなる最初の日	平成27年10月1日
(労働者派遣に関する)料金	日額　20,000円 (又は事業所平均日額　18,000円)　又は　時給　2,500円　(日額又は時給で表記！)
備考	

図表 3-3
(厚生労働省　資料より)

資料6

| 派遣先管理台帳 | 平成24年10月1日 |

派遣労働者の氏名	松本鯉太郎
性別	㊚ ・ 女
社会保険・雇用保険の被保険者資格取得届の提出の有無	健康保険 ㊲ ・ 無　　厚生年金保険 ㊲ ・ 無　　雇用保険 ㊲ ・ 無 ☆適用基準を満たしていない具体的な理由又は手続きの具体的状況を記載すること (『無』の理由)　1週間の所定労働時間が25時間のため、又雇用保険は4月16日届出予定など
その他	☆派遣労働者の年齢が18歳未満の場合は具体的な年齢を記載【記載例(年齢17歳)】 ☆派遣労働者の年齢が45歳以上の場合はその旨を記載【記載例(中高年齢者に該当)】
派遣元事業主の名称	三重労働局株式会社
派遣元事業主の事業所の名称及び所在地	(名称)　　　　　　　　　　(所在地)　　　　　　　　　　　　　(電話) 三重労働局株式会社　　　　津市羽所町〇〇-〇〇-〇〇　　　(059)△△△-〇〇〇〇
就業場所	(所在地)　　　　　　　　　　　　　　　　　　(部署)　　　　　　　　　　　(電話) 株式会社ハローワーク三重工場 津市島崎町327-2　製造部情報関連機器課システム開発係　(059)△△△-△△△△
業務内容	☆政令業務は、条番号及び号番号を記載【記載例(政令第4条第1項第〇号業務、又は政令第5条第△号業務)】 情報関連機器に関わるシステム開発業務(政令第4条第1項第1号業務)
派遣期間	平成24年10月1日から平成27年9月30日
就業日	月・火・水・木・金　(但し、祝日は除く)
派遣先責任者	(部署)　　　　　　　(役職)　　　　　　　　(氏名)　　　　　　(電話) 情報関連機器課　　　情報関連機器課長　　　山下鬼太郎　　　(059)〇〇〇-××××内線△△△
派遣元責任者	(部署)　　　　　　　(役職)　　　　　　　　(氏名)　　　　　　(電話) 派遣事業部　　　　　コーディネーター　　　海山永吉　　　　(059)△△△-××××
就業状況	☆タイムシートには、就業時間及び休憩時間を記載すること ☆政令26業務は、付随的な業務に従事した時間数を記載すること 別添タイムシートのとおり
派遣労働者からの苦情処理状況	(申出を受けた日)　　　　　　　(苦情内容、処理状況) 平成24年10月5日(金)　　　　　業務量が自分のスキル以上であり、対応に苦慮しているとの苦情。他の部署において、同様の業務の派遣労働者を申出者と同一の派遣元より受け入れていたため、派遣元と相談のうえ、派遣労働者両者の了解を得て、相互に部署を入れ替えた。

【労働者派遣終了後3年間保存】

図表 3-4

(厚生労働省　資料より)

資料7

派遣元管理台帳

平成24年10月1日

派遣労働者の氏名	松本鯉太郎
性別	㊚ ・ 女
社会保険・雇用保険の被保険者資格取得届の提出の有無	健康保険　　　　　　　　　厚生年金保険　　　　　　　　　雇用保険 　㊲ ・ 無　　　　　　　　　　㊲ ・ 無　　　　　　　　　　㊲ ・ 無 ☆適用基準を満たしていない具体的理由又は手続きの具体的状況を記載すること （『無』の理由）　1週間の所定労働時間が25時間のため、又雇用保険は4月16日には提出予定など
派遣先の名称	株式会社ハローワーク
派遣先の事業所の名称及び所在地	（名称）　　　　　　　　　　　　（所在地）　　　　　　　　（電話） 株式会社ハローワーク三重工場　津市島崎町327-2　（059）△△△-△△△△
就業場所	（名称）　　　　　　　　　　　　　　　　　（部署）　　　　　　　　　　　　　　　（電話） 株式会社ハローワーク三重工場　津市島崎町327-2　製造部情報関連機器課システム開発係　（059）△△△-△△△△
業務内容	☆政令業務は、条番号及び号番号を記載【記載例（政令第4条第1項第○号業務、又は政令第5条第△号業務）】 情報関連機器に関わるシステム開発業務（政令第4条第1項第1号業務）
派遣期間	平成24年10月1日から平成27年9月30日
就業日	月・火・水・木・金　（但し、祝日は除く）
派遣先責任者	（部署）　　　　　　　　　　　（役職）　　　　　　　　　（氏名）　　　　　（電話） 製造部情報関連機器課　　　　製造部情報関連機器課長　　山下鬼太郎　（059）○○○-××××
派遣元責任者	（部署）　　　　　　　　　　　（役職）　　　　　　　　　（氏名）　　　　　（電話） 派遣事業部　　　　　　　　　コーディネーター　　　　　海山永吉　　（059）△△△-××××
就業時間（休憩時間）	9時00分から18時00分　　　　（休憩時間12時00分から13時00分までの60分間）
時間外（休日）労働	1日5時間　月36時間　年360時間（休日労働　月2日9時から20時までの8時間） ※派遣元36協定の届出の範囲内とする
就業状況	☆政令26業務は、付随的な業務に従事した時間数を記載すること 別添タイムシートのとおり
派遣労働者からの苦情処理状況	（申出を受けた日）　　　　　（苦情内容、処理状況） 平成24年10月2日（火）　　　派遣先において社員食堂の利用に関して便宜が図られていないとの苦情。 　　　　　　　　　　　　　法の趣旨を説明し、以後、派遣先の他の労働者と同様に、派遣先内の施設が 　　　　　　　　　　　　　利用できるよう申入れ。

【労働者派遣終了後3年間保存】

図表 3-5

（厚生労働省　資料より）

13. 時間外・休日労働時間数
14. 受入期間に制限のない場合はそれに関する事項

　労働者派遣個別契約書等のサンプルを厚生労働省のページを探すと、三重労働局の様式集が見やすかったので添付します（**図表 3-2～図表 3-5**）。
　ただし、派遣に関する契約書の項目はよく変更がかかりますので、添付のものは執筆時の資料であり、1 年後に同じものが使えるかといえばそうではありません。

　準委任契約の確認とは違うポイントを記載します。
　まず、派遣契約の場合は指揮命令権がお客様にありますので、派遣先の「指揮命令者」を確認する必要があります。と同時に、「苦情担当責任者」と「派遣先責任者」の名前を確認する必要があります。
　また、見積書と違い派遣個別契約書には就業時間や休憩時間、時間外労働などの記載が必要なので、就業条件についての確認も必要となります。

　これまでの経験で新人営業がミスしやすく、上司に怒られるパターンがありますのでお伝えします。
　それは、お客様に提案する際、時間枠や支払いサイトを確認せずに単価だけを確認し、契約締結の際にしてしまうというパターンです。
　例えば、70 万円（160-180H）と 70 万円（160-200H）では、月に 200 時間働いた場合 8 万円近くの売り上げの差が出てきます。契約締結時に確認するのではなく、必ず提案時に先に確認しなければならないということを覚えておきましょう。

6　事務員などへの気配り

　営業としてお客様に対しての気配りが大切なのはもちろんですが、外部にだけに気配りし、内部を蔑ろにしてしまうと、思うように成績は残せま

せん。

　事務員は事務作業をするのが仕事です。
　例えば、請求書などを作ったりするのは当たり前で、それが仕事です。
　ただ、決して忘れてはならないことは、事務員も人であり感情があるということです。
　私が勤める会社には、複数のグループ会社があり、事務員もグループ会社各社の処理を同時に行わなければならないため、私から見てもかなり忙しいです。

　例えば、請求書の作成依頼を複数の営業マンから頼まれた場合、誰のものから処理するか優先度をつけなければなりません。もちろん、急を要するものから処理しますが、急ぎ具合が同じなら、そこで処理の順番に感情が入ります。
　また、小さな子供がいるため定時に帰らなければならない事務員に「この書類を急ぎで作らないといけないので手伝って欲しい」と頼んだ際、「定時で帰らないといけないのですみません。」と断られるか、「わかりました。協力します。」と快く引き受けてくれるかも、日ごろの接し方で変わってきます。

　こちらが相手を道具と思わず、日ごろから感謝の気持ちを忘れず接していれば、いざというときにその差が出てくるものです。

　ただ、私がいつも丁寧な接し方、気配りを持った接し方ができているかと問われると、時間に追われている時は確実にできていないでしょう。
　だからこそ、イベント日には営業中、感謝の気持ちを込めてケーキなどを買ってくるようにしています。

- 節分の日
- ひな祭り

- ホワイトデー
- 七夕
- クリスマス

　もし、夏や秋口に同じことを直ぐにしたいと思われた方は、特別な記念日を作ってしまえばよいのです。
　「上期予算達成記念に、ケーキを買ってきました。普段、無茶な依頼をすることもありますが、本当に事務員の皆さんには感謝しています。達成できたのも皆さんが支えてくれているからと思いますし、せっかくですので、皆さんで召し上がってください。」
　感謝の気持ちを言葉にのせてケーキと一緒にお渡ししましょう。
　ただし、間違ってはならないことは、イベント日にケーキを渡すことが目的ではなく、感謝の気持ちを伝えることが目的で、ケーキはその潤滑油にすぎないということです。

　「上期予算達成記念にケーキを買ってきた。事務員で分けておいて。」と言って渡すと、せっかくの感謝の気持ちを伝えるチャンスが興ざめもいいところです。日頃の感謝の気持ちを伝えることが大切なのです。

　事務員や派遣社員、バイトやパートを見下し、存外に扱う人の話をまれに聞きます。
　与えられた仕事を担当するのはもちろんですが、人であり感情があることを決して忘れてはなりません。いざというときに助けてくれるかどうかは、普段の接し方と自分が感謝の気持ちをもって接しているかどうかではないでしょうか。
　それは事務員やパート、派遣社員だけではなく皆そうであります。
　もし、事務の方に、いつも自分の仕事を後回しにされていると思う営業マンがいましたら、普段の接し方を今一度、振り返って下さい。

　営業として成績を上げるためには、内部に敵を作らず味方を作る活動も、

大事な社内「営業」活動なのです。

7　自社他社問わずコミュニケーションの重要性

　6節のお話の続きになりますが、もっと広義な捉え方でお話を進めたく思います。6節は事務員さんへの気配りがテーマでした。本節ではもっと範囲が広がります。自分の関係するすべての方が対象になります。

　まず仕事モードになったら接するすべての方をお客様だと思ってください。電車で毎朝出会う方、ビルの同じフロアですれ違う人、何かしら売り込みに来られる営業マンの方、上司、同僚、部下、後輩、自分を取り巻くすべてです。

　「なんじゃそれ？」って思われるかもしれません。すべての人がお客様にはなるわけではありません。そんなことはみなさんもおわかりだと思います。何を言いたいかというと、そういうマインドが大切だということです。

　私は自社の社員と接するときも、お客様と接するときと同じような感じで対応するようにしています。もちろん言葉使いなどはフランクです。つ

まり、心の持ちようのお話です。

　そうすると、人間関係のトラブルが起きません。当然です。お客様と接するように対応していて、人間関係が悪くなるのであれば、そもそもの人間性に問題があります。ただ対人関係なので相手側に問題があったりします。どうしても合わない人もいるでしょう。でもビジネスの場です。そこは寛大な心で受け止めてください。

　これで半分以上のことがクリアになります。

　ここからさらにポイントを挙げてお話します。

・会社内のコミュニケーション

　ソフトハウスというと、自ずと小規模になってきますので、たくさんの上司を相手にして仕事をすることは限られているように思います。

　人数のことはさておき、まず最初に残念なお知らせをしますと、よほどのことがない限り、部下が上司を選べる会社はほとんど存在しないと思います。ですので上司とのコミュニケーションはすごく大切になります。選べないならいっそその上司とうまくやれるほうが、仕事の効率を考えても絶対よいはずです。

　そのコツですが、まず嫌いという言葉を使わないこと、これはすごく大切なことです。「嫌い」と言葉にすると、知らない間に本当に嫌いになります。言葉のチカラは恐ろしいです。どうしても表現したいなら、苦手という表現が適切かもしれません。

　あとはこれは上司だけではありませんが、例えば事務員の方の髪型が変わったときなど、必ず「髪型変えました？　いいですね。」など変化に気づき声を掛けるのが非常に大切です。男性は特に女性の髪型の変化に気づかないと言われます。ですので変化に気づくように日頃から意識してください。

　あるとき、これはお客様でしたが、女性の方で髪型が変わっていたので話題にしたところ、「よく気づきましたね〜。誰も気づかないんですよ。」となぜか最後にはお礼まで言われた経験があります。

人は自分にスポットが当たるのが好きです。女性は特にかもしれません。たかが髪型の変化と侮らないほうがよいですよ。

話は移って同期や後輩についてですが、社内関係のよい会社は、働いていても楽しいと思います。営業職なら同僚がライバルの場合もあるかと思います。負けてたまるかといった感情を持つのはよいですが、あくまで同じ会社の仲間です。感情を全面に出して敵対するようなことはしないでください。敵対というのは実際、相手を超えていこうという思想ではなく、相手の足を引っ張る行為のほうがはるかに多く、ネガティブなことが多いのです。そういうのは人として疑問です。出世だけを目論んだ邪な輩はそういうことをして出世する人もいますが、周りの人は見ています。この本ではそういう気分の悪いこと、人としてどうなの？　というのはできるだけ排除したいと願っています。優秀な営業マンは必ず人間的にも優れていると信じているからです。

少し横道に逸れてしまいました。

社内のコミュニケーションについてに戻りますが、やはり単純なお話ではありますが、受け身ではなく自分から能動的に関わっていこうとする姿勢が大切ですし、気持ちのよい挨拶であるとか、そういう単純だけど継続するとすごく効果のあることを実践していれば、コミュニケーションは一方的なモノではなく、双方向になり、円滑に進むようになります。

相手のコミュニケーションやその方との距離感を縮めたいときはコツコツと気持ちのよい対応を継続することで道が開けます。自分から心を開いて前向きにならなくては、相手も心は開いてくれません。

8　訪問後のお客様データベース作成

色々なお客様がいらっしゃるので一概には言えませんが、訪問時間すべてがビジネスのお話なんてことはないと思います。1時間の訪問であれば15分くらいはプライベートのお話だったりするはずです。その15分の会

話から得る情報にすごく価値があります。価値があるかないかはその15分の内容をどう捉えるかです。

　ビジネスの砕けた話から、先週末どこか行きましたか、みたいな完全なプライベートなお話だったり、ご家族やご友人のお話、昔話などなど、限りなく色々な話が出てきます。

　前項でも似たようなお話をしましたが、ここではその得た情報をどう活かすかについてのお話をします。

・雑談時の情報を記録

　私は基本的にパソコンを使用しますので、メモ帳に書き溜めています。提携のフォーマットもなければ何もなく、会話中に出てきたキーワードだけをそこに記します。

〈例〉
　新大阪に住んでいる、自転車好き、子供さん2人、福岡出身、お酒はあまり。もうすぐ子供産まれる。ゴルフシングル。いつも仕事遅い。

　ここでは自分がわかればよいので、落書きみたいな感じでかまいません。
　ここで書くことはインパクトは低くても、大切な情報をキャッチするのが目的です。後日思い出せるような盛り上がった話の内容などは記載する必要はありません。細かい情報でその場で書き留めておかないときっと忘れるであろう情報を抜き出してください。

　それをどこかフォルダに置いておき、時間のあるときに眺めたり、久々の訪問なんて前に見返すと効果的です。

　相手に「よく覚えているな〜。」って思ってもらえることが狙いなだけではなく、正直仕事には使わないデータを蓄積することで、お中元やお歳暮に何を送るのがよいかなど、迷う局面で役に立ちます。また覚えているだけで絶対プラスです。もしプラスにならなくてもマイナスになることはありません。

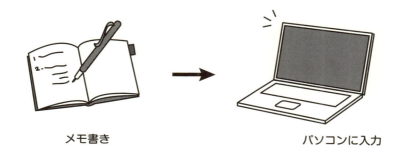

メモした内容を PC のセキュリティファイルに格納

メモ書き　→　パソコンに入力

細かなことからコツコツとやる、筋トレみたいなものです。

・管理にはくれぐれも注意を

　情報も溜まってくると個人情報と呼べるレベルのパーソナリティに関する重要情報になってきます。お客様などの趣味嗜好も情報が多ければわかってくるくらいの情報になっているかもしれません。

　もし間違えて流出した際には取り返しのつかないことになりかねません。お客様のためを思って良かれと思ってやっていたことが、一転迷惑な話に変わります。もしパソコンやスマートフォン、タブレットを紛失しても誰もアクセスできないように対策を講じること、キチンとセキュリティロックのかかったフォルダに置くなど、工夫を凝らしてください。

　ノートの場合はなくしたらアウトです。メモに取った内容を毎回会社から外に出すことのない専用ノートに指定して、こちらもなくさないように管理してください。

　良かれと思ってやったことが紛失することで逆にご迷惑をお掛けするなんて本末転倒もいいところです。くれぐれもご注意なさってください。

9　契約がなければ営業失格

　営業マンはいくら動き回ろうが、残業して頑張っていても数字が上がら

なければただの人件費の塊になります。プログラマーさんで当てはめるとソースコードを書けないのとほぼ同じです。

　もっとも、業界を辞めていく営業マンの噂を聞くと、衝撃的な成績で辞めていかれる営業さんもいらっしゃるようなので、この業界にも人の問題を抱えている会社様があるようです。

　ですが、営業マンならこの契約と成績について、特にしっかり意識してもらいたく思います。

・やってる感だけは NG

　この業界でよく聞くお話その1みたいな会話です。

　営業マン「今月なんですけど、もう5人決まってます。」

　上記は簡単に申し上げますと、いわゆる派遣契約を用いたエンジニアをどこかのお客様に提案し、就業を確定させた数です。

　これは実情どうなの、という疑問を持ったりすることがあります。

　ビジネスの根幹ともいえる利益がどうなっているかが重要だからです。

　数字だけを見れば5人の契約があっても1人あたり利益が3万円だと仮定すれば累計15万円、理想は1人の契約で15万のほうがよいはずです。

　当然そこに至るまでの労力など簡単に計れるものではありません。ただこの話だけをとってみても、労働力の効率化を考えたら決してそれは正解ではありません。

　上記は一例にすぎませんが、やってる感だけで悦に浸ることは営業マンなら誰しも経験があるかと思います。わかっていても「なんとなく」感でやりすごしてしまう、それは仕方ありませんが、それは騙し騙しの対応にほかならないのです。

　キチンと数字や成果と向き合い、もっとやれることがあるのではと自問自答することが大切です。

・数字が上がらないなら焦ってください

　優しい上司なら、「そのうち結果はついてくるから、コツコツやればい

いよ。」などという言葉を頂戴するかもしれません。

　もしそんな実情があるなら、正直まずいと思います。何がまずいかと言いますと、危機感の問題です。数字に結びつく仕事には、必ずルーティンがありますし、降って湧いた仕事など絶対にありません。復習をすると必ずうまくいくときのキーポイントがあります。

　「なぜうまくいかないのか？」という問いこそがスキルアップの原点なので、その部分はコツコツと取り組むとよいでしょう。

　むしろ焦りがないというのは、ベースの時点で違っています。

焦り＝切迫感＝成長のタネ

　会社によっては明確な数字がなく目標が曖昧であったり、責任の所在がよくわからないようなそんな体制で活動されているところもあると思います。

　それは各会社の考え方なので否定しません。営業マンはそんな状況でも自分にノルマを課してストイックにやることでスキルアップもするし、何より仕事に張りあいがでて楽しくなります。逆手に取れば自分で目標を設定できる素晴らしい状況であるとも解釈できます。

　話を戻しますが、ノルマが曖昧だといって何もしない、もしくは適当に活動していれば、間違いなくそのうちクビになったりするでしょう。

　よくよく考えてください。成績の残らない人を会社は置いておかないのです。

　働かざる者食うべからずです。

　営業成績が芳しくないとお嘆きの方に申し上げます。

　とにかく焦ってください。焦ることはプラスです。ここで焦らなければいつ焦るんでしょうか。クビになるのでは？　なんて状況になってから焦っても遅いです。常日頃焦ってるくらいがちょうどよいです。

COLUMN

笑いは会話の潤滑油

　私は数回転職しておりますので、その時々に上司が変わり、その都度教えてもらうことがたくさんありました。
　その中でも特に印象の深い言葉やたとえを残してくれた上司がいました。コラムなので面白く紹介できたらと思います。

・切羽詰まった局面でのアドバイス　助言

　「上司が後ろで包丁持って構えてたら、その商談何とかするやろ？」
　「この商談落としたら命も同時に落とすって決まってたらかじりついてでもお客さん納得させるやろ？」

　命にかかわるたとえは、実はかなり心に効きます。死ぬ気でやれっていう言葉がありますが、この言葉はダメです。なぜダメかというとすでに言葉が定型になりすぎて、インパクトが弱いのです。
　上記の言葉がなぜよいのかというと、具体的なイメージがわいて、ぞくっとするからです。適度な恐怖感は人間を集中させます。

　逆のことを言われたこともあります。
　「この仕事失敗しても命までは取られへんやろ？」
　「もし何かあっても死ねへんから大丈夫。」
　「先方が理解せずに怒ったとしても、命には別状ないから。」

　どれだけ怒られてもまず殺されることはないんだな、というのは当然理解していることなのですが、こういう尖った表現はどこかで心を軽くしてくれました。

営業マンはいかにポジティブに仕事に向き合うか。心の持ちようで大きく左右しますので、こういう緊迫した状況をあえて面白い表現で乗り切るのも悪くないと思います。

・**面白いたとえなど**
　どこの業界にでもあると思いますが、私たちの業界にもたとえ話や何かを揶揄したような表現があったりします。アニメやゲームからの引用が多いのですが、なかなか笑えて、かつ納得するモノもありますので、ご紹介します。
〈芭蕉扇〉
　かつて一世風靡したアニメや西遊記に出てきたあの「芭蕉扇」です。
　一扇ぎで大風を起こし、二扇ぎで乱雲を呼び、三扇ぎで豪雨を降らせる団扇で、かつて○○仙人も持っていた道具です。
　ではこの言葉をどの場面に使うのかというと、私たちの業界には「炎上・火が噴く」っていう隠語？　単語があります。
　簡単に言いますとプロジェクトがうまくいってない状況で、次々とエンジニアを投入するような状況を指します。
　そういうお客様がお困りの状況でお伺いして会話する際に、「芭蕉扇お持ちしましょうか？」という風に使ったりします。
　シャレの通じないタイミングで言うとすごい空気になって怒られますので、くれぐれも使用の際はご注意ください。
　ちなみにうまく行ってないプロジェクトを「フライパン山」と私たちは呼んだりしています。

〈目のつけどころがシャープ〉
　みなさんお馴染みのフレーズだと思います。特に関西の方は知らない方は少ないでしょう。お馴染みSHARPさんのキャッチコピーです。

使い方は至ってシンプルです。
　お客様に限らず色々な方とお話しているタイミングで、よい案が出たり、鋭い意見が出たタイミングで使っています。
　特に競合しているメーカーさんとの会話時に使うとウケます。
　他にも各企業様がいろいろなキャッチフレーズをお持ちなので、インパクトあるものは覚えておけば使えるかもしれません。

〈電車の中も走ってきました〉
　アポイントのお時間に遅れることもあるかと思います。当然遅れる際は数分であろうと一報いれさせてもらうのが正解なのですが、それでも遅れることが稀に起こったりします。
　仲良くさせて頂いているお客様でしたらちょうどよい言葉かもしれません。
　「すみません。電車に一本乗り遅れてしまって。電車の中も走ってきたんですが。本当にすみません。」
　笑ってくれる方もいらっしゃいます。関西では突っ込んでくれる人も結構います。空気をみながら使ってみてください。

〈栄養ドリンク飲みすぎて下痢する〉
　食事中の方がいらっしゃればすみません。
　要するに良かれと思ってやっていたことが、量を間違えたことで失敗するというたとえです。
　筋トレしすぎてカラダ壊すのも同意義です。何かのタイミングでうまく使ってください。

　などなどまだまだあるのですが、ここではこのあたりで失礼します。

笑いは会話の潤滑油！

第4章

営業トラブルへの対応

1　起こりやすいトラブルの種類

　ソフトハウスで営業を行っている以上、トラブルはつきものです。トラブルは経験を重ねるとパターンが決まり、単純な調整ごとに思えてきますが、慣れない間は精神的にも大いに苦しめられます。

　トラブルの原因は大きく分けると三つに分類されます。
・自分が招いたトラブル
・相手に騙されたトラブル
・突発的な予想外のトラブル

　順を追ってソフトハウス営業で起こりやすいトラブルをご紹介しましょう。

【自分が招いたトラブル】
　自分が招くトラブルのほとんどは、「事前の確認不足からくるトラブル」か、「事実と予想が混ざったために起こるトラブル」、「自分の嘘が招いたトラブル」のどれかでしょう。

●事前の確認不足
　お客様から「○○さんのご希望どおり単価60万円／月で承認が取れました」と言われ、会社には事前に「単価60万円ならOK」と承認をもらっていたとしましょう。
　その後に契約条件の詳細確認をした際に、お客様から「弊社の時間枠は160〜200時間です」と言われ、会社から承認が下りていたのが「時間枠が160〜180時間」だった場合、そこからトラブルに発展します。単純に交渉時における時間枠の確認漏れがトラブルの原因です。
　同じようなトラブルは、支払いサイトでも起こり得ます。例えば、自社の規定が最大45日サイトであるのに対して、お客様に見積書を作る直前

で確認したところ60日サイトだとわかった場合などです。全ての交渉が終わり、最後に確認するからトラブルになるのです。交渉の際事前に確認をしていたらトラブルではなく交渉の一つとしてすむ問題です。

●事実と予想の混在

　契約の切れ目が3月末である現場から「4月からは今のところ延長の予定はないけど、いま、見積中の案件が取れたら延長の依頼を出す」と言われたため、4月から別のお客様にエンジニアを紹介する際に「4月から延長がないのでご提案できます」とだけ言って提案していた場合、トラブルになる可能性があります。

　4月から別のお客様との契約締結に向けて話を進めていた際に、現在お世話になっている現場から「受注できたので延長をお願いします」と言われた場合です。

　4月から延長がないだろうと勝手な予想で「延長の可能性がある」という正確な情報をお伝えせずに別のお客様に話を進めたために起こるトラブルです。

●嘘が招いたトラブル

　技術が未熟と知りつつも契約が欲しいために、「このエンジニアはすごく優秀なエンジニアです。」と嘘を言ったような場合です。契約してから2週間後ぐらいには、トラブルになって自分に返ってきます。

【相手に騙されたトラブル】

　相手に騙された場合は、一方的に相手のせいにしても自分の成長に繋がりません。相手に騙されるのは、騙されるだけの隙が自分にあり、また自分の人を見る目がなかったと反省すべきです。

　協力会社様から「並行営業していません（他のお客様には提案していない）」とエンジニアの紹介を受けた場合、騙すことにとまどいのない担当者なら実は裏で並行営業をしており、契約直前で他のお客様の方が好条件のために断ってくることがあります。エンジニアの受け入れ準備を進めて

いたのなら、そこからトラブルになります。そのような担当者とのお付き合いはやめましょう。

　最初は「50万円／月のエンジニアです。」と言いつつも、次の契約更新時にお金を吊り上げてくる担当者がいます。そのような担当者とのお付き合いはやめましょう。

　4月からの契約が無事に締結していたにも拘らず、お客様から3月末になって「受注予定だったはずの案件が失注したので4月からの契約はやっぱりなしにして」というようなトラブルがあります。事実なら突発的なトラブルになりますが、お客様自身が受注するために未受注のままこちらに本当のことを伝えずに話を進めていた場合は、騙されたことになります。このような場合は、せめて次の案件が決まるまでの費用を負担して頂くなど交渉しなければなりません。交渉もせずに泣き寝入りは営業としては絶対に駄目です。

【突発的な予想外のトラブル】

　どんなに注意を払っていても、優秀な営業マンでも突発的なトラブルは発生するものです。

- 現場で稼働中のエンジニアが急に鬱病となり明日から出社できなくなった。
- エンジニアが寝坊で出社しておらず、現場にも会社にも連絡がない。
- 受注が決定していた案件で体制を作っていたにも拘らず、急遽お客様の都合で失注した。
- 納品物に致命的なバグがありクレームが入った。

　ソフトハウスが営業活動を行う上で、トラブル0件というのは実質、不可能です。（契約件数が極端に少ない場合は、トラブル以前の問題です。）

　ただ、優秀な営業マンかそうでない営業マンかの違いは、自ら招くトラブルをいかに減らせるか、また同時に突発的なトラブルが発生しても瞬時

に対応できるかです。

2 トラブル対応の基本

まずトラブルを減少させる方法としては、「事前の確認を怠らないこと」、「情報を正確に伝達すること」、「正直であること」が必須です。

営業マンなら嘘も方便と思うのか、意外と「正直であること」の大切さに気づいていない方も多くいます。

確かに嘘でその場を乗り切れることはあります。ですが、トラブルが大きく発展し、最終的に大問題になるときは、必ずと言ってよいほど、そこには嘘や隠蔽があります。

一度嘘をつくと、突っ込まれた際に嘘に嘘を重ねてしまい、どんどんと悪化していくという特性があります。

TVでの謝罪会見を見ていても、ほとんどが嘘や隠ぺいから大問題になっていることがわかると思います。

技術が未熟で面談までなかなか辿り着けないのならば、「経歴書を偽装」したり「優秀です」と嘘を言って面談まで辿り着くのではなく、営業がエンジニアのことをよく知り、どのようにすると現場で通用するかを考えに考え抜いて、未熟な旨を正直に伝えつつ、エンジニアの人柄や自分の考えも伝えて提案するべきでしょう。

嘘をついて面談まで辿り着くよりも、営業ならお客様に頭を下げて頼み込んで面談していただくのが本来あるべき姿なのです。

「正直であること」はトラブルを防ぐ、有効な手段です。

また、トラブル対応はスピードが命です。たくさんの業務を抱えていてもどの業務よりトラブル対応の優先度を上げ、スピーディーな対応を心掛けなければなりません。対応が遅ければ遅いほど、お客様のイライラも募

り、トラブルが拡大します。長引くと自分自身の精神状態にもよくありません。

　そして、誠心誠意な対応も必須になります。
　たとえ、単なるお客様の誤解だったとしても、速やかに訪問して解決に向けて検討しお客様に理解や納得を頂きましょう。協議をして合意点を早く見出す努力をし、解決策が見つかればすぐに実行します。
　誠意のない弁解は禁物です。お客様が満足する解決ができたのなら、「災い転じて福となす」という言葉があるように、逆に信頼を得られるチャンスとなります。

　ただし、私自身、逆の経験もよくあります。速やかな誠心誠意な対応ではなく、担当者がトラブルから逃げるという対応です。電話を掛けても出ない。メールをお送りしても返信がない。会社に訪問しても居留守を使われる。こうなってしまうと今後一切の取引を停止せざるを得ません。
　トラブル対応はチャンスであるとわかっていても、また経験を積んでも気持ち良いものではありません。ただ、一度逃げると逃げ癖がつきそこからの成長はなくなり、また信頼もどんどん失われていきます。

　ここで、エンジニアに関する防ぎようのないトラブルの例を一つ紹介しましょう。
　IT業界は他業界に比べて鬱病や自律神経失調症の方が多い傾向にあります。これは、ソフトハウス営業としては知らなければならないことなので、理由や対応方法など、詳しくお伝えします。

　まず、IT業界が鬱病や自律神経失調症の方が多い理由には幾つかあります。

・労働時間

　以前よりは法令遵守が厳しく言われ、36協定が大事にされるようになっているので、業界自体極端な残業が減ったのは確かです。しかし納期前でプロジェクトが上手くいってなければ、残業過多になるのはIT業界の定めです。俗に言う炎上プロジェクトです。

　終電帰りの連続や休日出勤、最悪は会社での寝泊まり。心身を休める間もなくストレスだけを溜めると、どうなるかは火を見るよりも明らかです。ただ、一部のゲーム業界ではIT業界以上の話を聞きます。

・身体を動かさない

　運動をすることによってホルモンバランスを整えることができます。人として身体を動かすことは必要なのですが、ITエンジニアの中でも特にプログラマーと言われる方々は、朝から晩までパソコンと睨めっこで体を動かすことがありません。

・プレッシャーに弱い

　ITエンジニアは他の職種に比べ学生時代にクラブ活動を通し先輩後輩の縦社会や勝負の世界を経験している人が比率的に少ないです。帰宅部で家でゲームばかりしていてもメンタルは鍛えられません。やはり社会人に入るまでの経験で、打たれ強さが変わってくるのです。

・過度なプレッシャー

　システム会社は、納期と品質が絶対です。納期厳守でなおかつバグを出してはならないという過度なプレッシャーが掛かります。何としてでも間に合わせなければと考えて背負い込んでしまう「責任感が強い」エンジニアに限って、プレッシャーに潰れて鬱になることが多いものです。

・将来への不安

　プログラマーの方は、潜在的に「40歳、50歳になってもエンジニアを

続けていけるのだろうか？」「次のプロジェクトは過酷なプロジェクトではないだろうか？」など、先への不安を抱えている場合が多くあります。これだけが原因で、鬱になる場合は少ないですが、将来への不安と他の原因が合わさって鬱になる方は少なからずいます。

6. 仮うつ病

　IT業界に鬱病が多いことを逆手に取って、傷病手当金目当てで鬱病のフリをするエンジニアが少なからずいます。

　医者もIT業界に鬱病が多いことがわかっているので、精神的にまいっているフリをすれば、簡単に診断書を出してしまいます。

　本人としては、楽して上手く稼いでいるつもりでしょうが、長い人生の中、どれだけの損をしているのでしょう。一時のお金のためにどれだけの物を失うのか。傷病手当金が切れた後は、生活保護で暮らすのでしょうか。これ以上は、言わないでおきます。

　以上、六つの分析結果です。

　さて、ここで参考までに一つエピソードを紹介しましょう。

> 　営業中、移動で外を歩いていると電話が鳴りました。
> 　社員のエンジニアからの電話でした。
> 　電話に出ると「やばいんです。ふと、窓を見ると、そこから飛び降りたら今より楽になれるかなと思い、窓から飛び降りるイメージが見えるんです。」
> 　それも真剣で、冗談を言うような性格でもない真面目なエンジニアからでした。

　このエンジニアがお客様と相性が悪いのは知っていました。本人が今の現場を抜けたいと言っていたのも聞いていました。ただ、リーマンショッ

クの後で開発案件も少なかったため、我慢してそのプロジェクトに入って開発を続けてもらっていました。
　凄く真面目で、頭も良い優秀なエンジニアです。

　鬱や鬱の手前で精神的に病んでいる場合は、こんな電話が掛かってきたり、いきなり出社しなくなったりします。
　ただし、きちんと対応すれば回復し、現場復帰できる例も多いです。
　私の数字で言えば5割です。鬱病や自律神経失調症と診断され現場復帰し、その後活躍してくれているエンジニアが半分、残り半分は会社が許す最大期間まで休職し、復帰できず会社を去っていきます。
　また、対応方法も詳細を述べると個別で違いますが、大枠の流れは似ています。

① 本人と話し、質問を投げかけながら何が原因か探る。と同時に、すぐに病院で受診するように言い、診断書を貰うように指示します。
② 本人と話し終わるとすぐにお客様にアポイントを入れ、その日のうちにお客様に説明するようにします。
診断書が出てから連絡しようなどと悠長なことを言っていると痛い目にあいます。診断書に「1ヶ月、業務禁止」と書かれたら、翌日からそのメンバーは出社できないのです。
③ 更に同時に、そのエンジニアが抜けることになったときの代替えメンバーの手配にも動き、お客様への迷惑を最低限にとどめるように考え動きます。
④ 病院に行った後は、一週間に一度ぐらいのペースで通院することが多くあります。通院後、毎回電話で状況確認しその都度お客様に現状報告をするようにします。

（※大枠の動きであり、個々の症状や状態、お客様の状況で対応方法は変わります。）

　これらの対応をするときには、いったん営業が全て対処するところを見

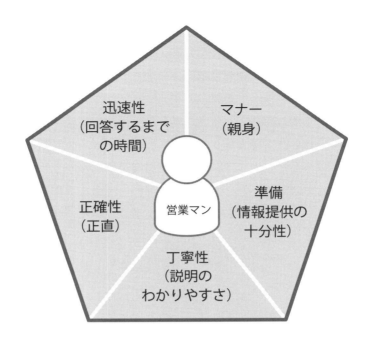

せ、エンジニアに全て自分で抱え込まなくても大丈夫なんだという「安心」を与えることと、過度なストレスの根本的除去に努めます。

ただし、仕事だけではなく家庭が上手くいっていないなどのプライベート的な要素も含まれ、複合的原因があるときは厄介です。

全ての対処をいったん営業が引き受けと書きましたが、このとき、逆に、「頑張れ！」なんて言葉を決して使ってはなりません。頑張りたくても頑張れなくなって電話を掛けてきたのに、鬱状態のときに頑張れと言うと更に酷いことになり、二度と頼ってくれなくなります。凄くデリケートな問題です。

対応は非常に大変ですが、お客様にも本人にも誠心誠意、心を持って対応すると、その後応えてくれることが多くあります。どのようなトラブルにも、心を持ってスピーディーに誠心誠意に対応することは、一番大切なことなのです。

3　ピンチは最大のチャンス

　最初から誰でも失敗したいとは思っていませんが、人間なら誰でも失敗はします。誰にでもピンチはやってきます。当然売れっ子営業になろうと思えば、今までお話した中にもありましたバッターボックスにたくさん立つこと、すなわち営業機会が多いということなので、必然的に失敗の数も増えてくるのが普通です。

　そこで起こり得るピンチにどう対処していくかで、このピンチがチャンスに生まれ変わります。そのあたりのお話をメンタルの対処法とともにご説明したく思います。

・ピンチを恐れる必要なし

　まず結論から申し上げます。一度トラブルがあったお客様で、その後そのトラブルがスムーズに鎮火した経験を共有している方のほうが、トラブルがまったくないお客様より仲が良いことが多いです。おそらくこの本を読んでいる方の中で、うなづいている方も多くいらっしゃると思います。

　なぜそんなことになるのか、その部分を説明していきましょう。ただし、トラブルはないに越したことはありませんし、自身の不注意で招いたトラブルでは仲が良くなるどころか、不信に繋がる恐れがあり、場合によっては取引が今後一切なくなることもありえます。

　話を戻しますが、まずソフトハウスの営業マンが直接的にトラブルの火種になることは少ないです。だったらどんなトラブルが多いかと言えば、何度も述べているように、エンジニアによるトラブル、いわゆる営業マンから見れば間接的な要因のトラブルが大半を占めます。

　派遣で言えばエンジニアが突然現場にこなくなるとか、居眠りをするとか、そういうヒューマンエラーが多いワケで、請負になると成果物の精度がメインで納期などの問題が出てきます。

　つまりこれは営業主導で起きているトラブルではないことをお客様はご存じなのです。ただここでそれを前面に出して「私は悪くない。エンジニ

アが悪いから」といったような発言や対応をしたら、関係はよくなりません。そればかりかおそらく今後の取引はなくなります。

　そんな状況の中、迅速に対応し自分ごとのように誠意を持って頭を下げ、すばやくリカバリー案を提示する、もしくは是正に動くといった対応を真摯にやることで信頼が積み重なっていきます。

　話が少し周り道をしてしまいましたが、ポイントは
　① 営業マンが不可抗力である事をご存じであること
　② 誠心誠意の対応をしていれば大多数の方は理解してくださること

　この2点をしっかり理解していれば怖くないはずです。まず気の持ちよう、営業マンは特にメンタルの状態で成績が変わる生き物です。ですから失敗などのピンチを恐れず、行動すればよいのです。まずはメンタルの部分をしっかり持ってください。

・ピンチからチャンス
　この話こそが「ソフトハウスあるある」かもしれません。
　SIerをお客様に持っている方なら、きっと読み進めているうちに納得されると思います。
　1人の営業マンが30人も40人も管理していると必ずお客様から指摘をお受けするエンジニアも出てきます。出ないほうがおかしいくらいです。上述したような現場で居眠りとか、朝来ないとか、そういうフォローの対応も営業力の一つだと思います。
　例えば、お客様先に常駐しているエンジニアの数が増えてくると、それだけご指摘頂く回数も増えてきます。
　実はこれも立派な営業としてのチャンスなのです。指摘の回数が多いということはそれだけお客様と接する機会も増えていくわけです。あれこれとお話しているうちに情報交換も活発になってくることもあります。
　ピンチが営業機会を作ってくれる、素敵なルーティンなのです。

COLUMN

色んなトラブル

　この章では、主にトラブルについて記述しました。私たちもこれまで様々なトラブルに遭遇してきました。この業界に長くお勤めの方なら必ずと言ってよいほど遭遇するトラブルだと思います。私も数々経験してきました。そんな経験の中の数例をご紹介します。

　トラブルについてあまり重たくならずに事例紹介くらいな感覚でこちらの項では取り上げたいと思います。トラブルは対応しているときは苦労しますが、去ってしまえば意外と酒の肴になるような事例もたくさんあります。

　楽しんで取り組めるくらいの心の余裕があれば、まったく怖くありませんし、うまく対応もできると思います。事例を何かの参考にしていただければ幸いです。

〈事例①　朝来ない人　よく休む人〉

　40代前半のAさんはスキルも高く、人物についても良好でキチンと話もできるし、朝来ないこと、よく休むこと、を抜きにすれば評価できる人物でした。

　ただこの「朝来ない」「よく休む」という事実が発覚したタイミングが最悪のパターンだったケースです。

　当時Aさんはお客様先で就業していたのですが、性善説に基づいて勤怠管理を各個人に任せていたこともあり、私たちはお客様から聞くまで知りませんでした。

　定期訪問して状況のヒアリングをしているときにお客様に指摘され、どうしようもなかったのを覚えています。営業サイドからすれば油断・慢心であり、非常に勉強させられた一例でありました。

　まず勤怠について虚偽の記載があったことに気づかないままでいま

した。これが大きな原因でしたが、それ以前にコミュニケーションが取れていなかったことが挙げられます。Ａさんとは就業後にたまに食事に行く間柄だったのにも拘らずです。

　ここでは性善説ベースの勤怠管理が招いた例となっていますが、これ以外の件では性善説での管理のほうがうまく運用できていたので、本当にイレギュラーな事例です。

　この事例で一番の問題は、お客様からアラートを頂けていなかったことにあります。お客様との人間関係があれば、おそらくもっと早い段階でお知らせ頂けていたと思います。私も営業担当が変わったところで、お客様との関係が浅かったことも災いしました。

　ここでのチェックポイントは、営業担当が変わってすぐのお客様は、特に注意を払うべきであるということです。

　結局このＡさんは能力は買ってもらっていましたし、休みや遅刻があっても人並み以上のパフォーマンスを発揮するエンジニアでしたが、改善が見られないことと周りに示しがつかないという理由でお役御免になりました。いくら腕があってもダメなモノはダメということを思い知らされました。

〈事例②　頭脳明晰があだとなる人〉

　高学歴でかつある分野に至っては突き抜けた知識を有するエンジニアがいました。腕はあるし、プログラムを組ませたら素晴らしい。ただその自信が時々お客様との会話に、相手を下にみたような発言をすることがしばしばある、そういう癖のあるエンジニアでした。そんなＢさんが招いたトラブルをご紹介致します。

　数か月で完了するプロジェクトで、彼をお客様先に派遣しました。最初のうちはよかったのですが、次第にお客様と打ち合わせにお伺いする度に何となくＢさんについての評価などもそっけなくなり、最後

には「正直、仕事しにくいんですよね。僕らが彼よりできないのは仕方ないんですが、上から目線で話されるのがどうにもね〜」って話で評価は急降下していました。本人からのヒアリングではプロジェクトの進捗報告などがメインで、現場の人間関係にまで気がつかなかった例です。

　本人に確認すると悪意があって発言しているわけではないのです。本人は至って普通だと捉えていて、なぜこのような評価につながるか、理解できない状況でした。

　ここでの一番の問題は本人に自覚がないことです。お客様が自分の発言に対してどういう風に感じるか、そういう部分が欠落しているため、自身ではわからないのです。

　実は自覚のない人を矯正するのが本当に大変です。まず自覚させないと始まらないので、言いにくいことも含めて徹底的に話をします。

「お客様はこんな風におっしゃってるよ。」

「そういう発言について気分を害している。」

　やんわり回りくどい表現で伝えようとする人もいると思いますが、それでは改善は遅れます。直球で事実がどうであって、その後どうしていくべきかをキチンと正面切って話すほうがよいと思います。当然本人の話にもじっくりと耳を傾けてからのお話です。

　ポイントは、高学歴で発言がどこかいつも第3者目線みたいな方は要注意だということです。プロジェクトがうまくいかなかったときも、なぜうまくいかないかみたいな評論をする人がいます。現場は評論はよいから解決法を一緒に考えてほしい訳で、評論なんて望んでいないのです。

〈事例③　身だしなみが残念な人〉

　これは何例かあって、あまり思い出したくない過去ですが、この機

会に記憶を紐解こうと思います。

　まず1例目は、女性エンジニアでした。朝出社するとすでに異様な臭いがすることが常態化している方で、周りの人たちも結構我慢していたようです。かなり席の離れている私にも影響するくらいでしたので、間違いなく周りはキツかったと思います。

　理由はここでは書くと長くなってしまいますので割愛しますが、その後どうしたかというと、本人に正直に伝えるという選択肢を選びました。周りくどく言ってもあまり意味がないし、改善しなければならない事情があったからです。仕事の都合でお客様先に常駐するタイミングがやってきたのです。そして早々とお客様先からそのことについてクレームが入ってきたからです。

　これは早急な対応が必要だったわけで、当時の上司と話し合った結果、赤裸々に話をすることに決め、言いにくいこと、聞きにくいこと、すべて話ました。そして、なぜそうなるかといった理由に辿りついたのです。このケースで驚きだったのは、先程の事例同様で自身に自覚がないことでした。これには本当に唖然でした。

　このケースで得たノウハウは、聞きにくいことではあったけど、そこを乗り越えて直球勝負で話を聞いたことにあります。そうすることで対策を講じることができましたし、そのエンジニアからも後に、言いにくいことを言ってもらえてよかったと御礼を言われました。

　ラストの事例は同じく身だしなみについてです。こちらは男性、また同じく体臭・臭いについてです。

　こちらは自社のプロパー（社員）ではなく、パートナー（協力会社）様のエンジニアでした。これが災いの元でした。

　やはり自社の社員じゃないのでどこか遠慮してしまう、どうしても言いにくい部分があって、パートナー企業の営業経由で改善を図りま

した。決して間違った選択ではなかったと思います。

　しかしその後逆上して直接私に連絡があったのです。そのときの剣幕がすごかったのでいまだによく覚えています。おそらくこれは推測になってしまいますが、定期的に現場に足を運んで直接本人から進捗などのヒアリングなどしていたにも拘らず、この件についてだけは他人行儀に営業マンを経由したことが一番いけなかったのかと思いました。もっと現場で一緒に働いているエンジニアの協力などもつのるべきでした。

　結果的に本人の気分も害した上に、私にもその怒りが向けられて双方によくない結果となりました。今思えばもっと慎重に考えればと反省するばかりです。

　このときのケースでもう一つ勉強させてもらったのは、このケースも今までのケース同様自覚症状がなかったことです。ベースがそこなので、言われた本人はこの先ずっと周りに対して疑心暗鬼にならざるをえない。そこに考えが至らなかったことを今でも悔いています。

　人によって感じ方は千差万別ですし、状況も違うわけで、それを解決するのは自分が同じ立場になったら？　とイメージすること。それが非常に大切だと感じました。

　営業をやっていれば色々な事例に出会います。心が折れそうになることもしばしばです。しかし逃げていては始まらないし、一つずつ根気よく取り組むことで、経験値が蓄積して、迅速に対応できるようになっていきます。がんばりましょう。

どうしても起きれない。

教授タイプのエンジニアは嫌われる。

→発言が他人事だったり。評論はいらない。

清潔感は何より大切。

第 **5** 章

継続からリピート発注、そして紹介獲得

1　エンジニアのフォローと状況確認

　営業の数字は、受注した案件をさばいてくれたり、お客様先で常駐してくれているエンジニアがいるから成り立っています。今からお話するエンジニアのフォローについては、会社によって様々な対応がなされていると思います。営業主導の会社様もあれば、組織が体系化していることで現場リーダーが管理しエンジニア同士で状況確認をしていく、派遣会社に至ってはフォロー専属の人員が配置されていたりします。

　ここでは、形がどうであれ、まずここは押さえておこうというところを書き出して、考察していこうと思います。

・事前準備

　もしご自身の担当しているエンジニア（※ここでは自社社員のエンジニアを仮定、契約社員を含む）が仮に60人いるとしましょう。その60人の方が季節ごとに1回相談や打ち合わせがあったとすれば、年間4回、総勢の対応で240回の相談や打ち合わせが発生します。一般的な年間の稼働日数が約240日しかありませんから、年がら年中相談を受けることになってしまいます。少しいきすぎた例かもしれませんが、これに加えてトラブルなどもあるでしょうし、調整の必要な仕事もたくさんあると思います。

　つまり、何が言いたいかというと、フォローには限界があるということです。

　一人ひとりに向き合って時間を割いて対応するのが一番理想ですが、人間には誰しも平等に時が流れていて、これだけはお金があろうがどんな理由があろうが、際限があるのです。

　まずこの限りある時間が問題なので、自身が対応できる人数や時間を把握すべきです。それを確認した後、どういうスタイルでいくかを決めるのです。

・タイプ分け

タイプⓀ　エンジニアの人数に対して営業の人数が少ない

　例えば営業マン1人でエンジニアが50人という状況です。

　そもそもフォローに手が回りません。エンジニアさんにも現状を理解してもらって、エンジニアのほうから報告などを自発的に上げてもらう仕組み作りが必要です。ここでエンジニアに理解してもらえないと、退職者続出、現場からの情報が上がってこない、新規の営業活動もできない、という負のスパイラルみたいな状況が起こります。

タイプⒷ　エンジニアの数に対して営業の人数が多い

　例えば営業マン4人でエンジニアが50人という状況です。

　SESを推進している会社様で多くみられるような人員構成です。

　この場合は単純な計算ではありますが、10人程度の割り当てになるわけで、時間の余裕がある状況だと思います。常駐している現場のエンジニアさんと情報交換の機会を増やして、コミュニケーションを取りながら、現場のエンジニアさんに営業活動をしてもらえるような仕組み作りを時間をかけて行うのが望ましいです。

タイプⒸ　営業マン不在タイプ

　小さなソフトハウスに多いですが、社長が営業から事務から何から何までやってしまうような会社様もあります。

　できれば営業マンは最低限1人でも配置したほうがよいです。なぜかというと、エンジニアは本音で話しにくいからです。優秀なエンジニアであればあるほど、自分を雇ってくれている社長に愚痴は言わないでしょう。でもそれを引き出すことがエンジニアのフォローなので、やはり組織の規模にもよりますが、調整役の営業マンを配置するほうが将来的にもよいかと思います。

　話は戻りますが、このタイプもあまり時間に余裕がないことが多いので、営業の段階から現場があまり複数にならないように配置する努力するべきです。その前に単純に考えれば「社長が倒れたら＝営業不在の会社」になり、運営が成り立ちませんので、まずは最低限のリスクヘッジを考えるこ

とが第一です。

・フォローの基本

　上記にタイプ別の対策を紹介しましたが、これは時間が掛かる取り組みなので、自分の置かれている状況を確認してから、どう対応するかを考えないと、約束を破るような結果になり、エンジニアとの間に溝ができてしまいます。まず自分に与えられている時間を確認しましょう。

　時間の確認については、スケジュールのことを申し上げた節に戻ってもらえるとわかりやすいかもしれません。自分のやるべき仕事の優先度を考えて、いかにどうフォローするかを考えます。

　まず時間がないのであれば、こちらから積極的に顔を合わす機会を作るのは難しいと思います。それでもまったくフォローしないのはよくありません。実際に直接的に会えないとしても、定期的に連絡を取ることは可能だと思います。いまやコミュニケーションの手段はたくさんあります。FacebookやTwitterなんかでもコミュニケーションは取れますし、携帯電話一本で話は聞けます。

　まずはどんな方法でもよいので、「つながっている」という意識を持ってもらえる工夫が重要です。

　現場で頑張ってもらっているエンジニアの悩みは様々ですが、ベースにある課題、これは営業サイドでもエンジニアサイドにもあることで、我々の業界ではよく聞く「帰属意識の低下」です。

　これがフォローをするうえで、一番難儀する課題です。こじれだすと一瞬で味方から敵になるくらいのインパクトがあります。

　ゆっくり考えるとわかることなのですが、おそらくソフトハウスにお勤めのエンジニアで、長期でお客様先で仕事をしていると、いつの間にか自分がどこの会社に所属しているのかが、意識の中で曖昧になってきます。人間は色々な事に耐え得るようにできていますが、人から注目されなくなったり、無視されるといった疎外感に滅法弱い生き物なのです。

　それをふまえるとお客様サイトで就業しているエンジニア様の悩みラン

キング上位に上がってくる理由も納得できると思います。色々なお話をしましたが、基本的な対応は下記です。

・コミュニケーションを何らかの方法でとる
・月に一度は帰社日を設ける
・現場単位で定期的に食事会を設ける

　基本的なことばかりですが、一番大切な事は定期的に継続することに意味があります。労いの気持ちを持って取り組めば、営業サイドの事情も汲み取ってもらえますし、むしろ逆に労ってくれたりもします。
　継続はチカラなりです。
　みなさんお忙しいとは思いますが、時間を作って取り組んでください。

・フォロー時のキーポイント
　フォロー時にヒアリングすべき項目があります。他にもあるかもしれませんが、基本的な項目をカバーしましょう。
① 仕事の内容が退屈でないか、ステップアップできる仕事なのか
　いま取り組んでいる案件に対してどう思っているのかで、お客様からの評価も変わってきます。やはりモチベーションが高い状況だと少々の失敗もお客様は目を伏せてくれることもありますし、何より一緒に働いていて気持ちよいと思ってくれることも多いです。
　逆に面白くない仕事をしているときは、その態度が端々に出たりします。そうなるとお客様も些細なことでも報告が入ったり、悪い方向に引っ張られることが多くなります。中には仕事の内容がどうかなんて関係なく、与えられた仕事は完璧にこなすのが使命と、きっちりと線引きをしている優秀なエンジニアがいるのも事実です。こういう方は何をさせてもそつなくこなしますし、お客様の評価も高いことが多いです。

② 作業時間、通勤時間について

　ここは労働法にも絡むところなので、しっかりと確認する必要があります。まず作業時間が多いと相対的にパフォーマンスが落ちます。人間の体力には限界がありますし、これは仕方ありません。

　まだまだIT業界は労働集約的な一面もあり、この問題は誰しも直面する課題です。お客様にしっかり主張できるか否かは営業の調整能力が問われる大切な場面です。残業時間が多い場合はしっかりとヒアリングをして、お客様に一緒に考えてもらえるように動きましょう。

　第3章の労働法でも触れましたが、この場面でお客様から無茶な要望が上がったときは正面からぶつかってください。労働時間が慢性的に長くなることは、精神にも異常をきたす危険な行為です。年に数度忙しい時期はあるにせよ、慢性的な長時間労働が発生しそうな場合は、エンジニアを守ることに全力を尽くしてください。疲弊して愚痴が出てからではリカバリーが難しくなります。

　また通勤時間については営業マンの主観で大丈夫だろうと思う距離でも注意が必要です。人によって感性が違います。通勤時間の許容というのも出身や生活スタイルによってかなり幅があります。就業前には大丈夫と確認していたとしても、通勤しだすと思った以上に遠く体力的に厳しかったりする事はざらにあります。就業してから少し経過したくらい、例えば二週間後くらいに一度確認することをオススメします。もし遠方でしんどい場合は、お客様と調整するのも営業の仕事です。朝の10分、20分遅らせてもらうだけで、ラッシュが回避できたり、疲れが軽減できたりします。注意を払いましょう。

③　現場の人間関係について

　前の項でも取り上げた、上司を選べない事例に類似します。エンジニアもお客様先に常駐する際に、当然お客様を選ぶことは難しいでしょう。またお客様によっては、外注を軽く見ているような方も中にはいらっしゃっ

たりします。状況がどうであれアウェイな状況が存在します。

　この部分はかなり注意が必要です。優秀なエンジニアであっても現場の水が合わないとまったくパフォーマンスを発揮できない人もいます。既存の取引先であっても、新規であっても十分に営業サイドでチェックをしたほうがよいでしょう。

　お客様によっては悪気はないけれど、ご自身も切羽詰まった状況で、そこまで気がつかないといったこともあります。新しい現場に常駐する際は、何かあるかもくらいで捉えて注視してください。

　万が一、最悪のケースになった場合は、プロジェクトの状況を見ての判断になりますが、引き上げることが英断な場合もあります。その際一番大切なことは、お客様に隠しごとをせず、ありのままお伝えして一緒になって考えてもらえるようにお願いすることです。その調整こそが営業マンにしかできない、そして営業マンだからこそできるその手腕を発揮する仕事の一つなのです。

　気負わず、焦らず、理解してもらえる根気を持って取り組めば、必ず道は開けます。焦らず取り組んでください。

「話すこと・聞くことが解決の近道」

2　継続的な情報交換「とにかくコミュニケーションを取ること!」

　第 2 章の中でも取り上げた内容の続きになります。この節でのお話は根気が必要で我慢強く、粘り強く取り組むことが必須になります。マラソンみたいなものです。とにかく何をどう続けていくかをここでは取り上げていきます。

・情報交換？

　まず申し上げないとダメなのは、「情報交換」についてです。IT 業界での情報交換という言葉はいわば挨拶変わりの定型文になっていますが、「情報」を「交換」することを忘れないでください。

　たまにお見かけするのですが、情報を入手するばかりで交換になっていない営業マンが少なからずおられます。相手から情報を引き出すわけですから、当然自分からも情報を発信する必要があります。

　なぜ冒頭からこんなお話をするのかというと、アポイントが取りづらい状況のお客様がいらっしゃったりするのは、原因はあなたと会うメリットを感じていない、すなわち会う価値がないと判断されていることでもあるからです。その中身を紐解くと、情報を交換していないという現実があったりします。

　「何かお仕事ないですか？」この発言自体は営業マンなら誰しも口にしたことがあるフレーズだと思いますし、悪い言葉でないと思います。営業でお伺いしているのですから、お仕事くださいというストレートな主張はスタンスとしていいと思います。問題はその言葉に至るまでのプロセスがどうであるかです。

　アポイントの日時が決まってから最低でも数日あると思います。事前にリサーチして、どの分野のお話が響くのか、どんな情報を求めているかなど、事前準備することが重要です。そういう取り組みをしていると、勝手にボキャブラリーも増えてきますし、イレギュラーな知らない話でもどこ

か接点があって話の突破口を見つけることができたりします。日々の鍛練がいかに必要なのかが身に染みるのです。

・情報交換するための武器を準備する

いったいどんな情報が武器になるのかを考える必要があります。これにはまず、自分の会社の強みに沿った情報をメインに集めなくてはなりません。私たち著書の2人であればスマートフォン関連、ウェアラブル、クラウドなどがメインですが、他の業界情報もさらっと読み流す程度には目を通しています。ご自身の会社様がどの業界に通じているか、また今後進出したい業界など、そこをしっかりとまとめておくと比較的覚えやすいです。

一番ダメなのは片っ端から調べたりすることです。大概ほとんど頭に入りません。ある程度絞って対応するようにしましょう。情報元はどんなモノでもかまいません。新聞、テレビ、ラジオ、ウェブ、などなどたくさんあると思います。特にIT業界の変遷は色々な業界の中でも群を抜いて速いですから、情報収集は継続性と根気が必要です。あとやはりそういう情報に一喜一憂できるくらいIT好きなほうがやはりよいです。

「アップル社がこんなの発表した！」みたいなニュースはだいたい感度の高いエンジニアさんが必ずFacebookやTwitterでリツイートされてるので、そういう人と知り合ったときにフォローさせてもらうと簡単に情報が入ります。是非よい情報パーソンと知り合ってください。

・定期訪問・情報交換

これは私の営業ルールなのですが、6か月ルールというものがあります。過去の経験から導き出したものですが、新規訪問してから約6か月が取引開始に至る平均的な期間と考えています。裏を返せばそれより短い期間で商談が進むことがあるとすると、お困りごとであるか、誰も手を出したくないような案件だったり、かなりハイレベルな技術が要求されるようなお仕事が多いです。

少し横道にそれてしまいましたが、戻りますと、このルールから考える

と6か月の間に何ができるのか、どんな進め方をすれば取引が実現するのかをイメージして進めていきます。その中で定期訪問する際、アポイントを取る際に相手が会ってよかったなと思ってもらえる情報をお持ちすることが、継続した訪問機会を作ることに役立ちます。そのための武器を整理する必要性を先程お話しました。

　武器が揃った状態から話をしますが、まず定期訪問の期間を定めます。まずスタンダードに行くと1か月後です。どの会社もアサインや工程管理は1か月毎に変化することが多いわけで、逆に1か月以下だと変化がない場合が多いので、世間話だけで終わってしまう可能性があります。

　何がきっかけで初回訪問したかによりますが、紹介依頼からの訪問であれば、だいたいこのルールが適用されます。ここから案件受注まで、企業様によってまちまちです。一番短いときは、タイミングよくお困りごとがあるときで、技術難易度が高く、期間が短い、こういう案件のご相談があるときです。間違いなく簡単なお仕事から始まることはありません。だいたい上記のような難解なお仕事のお話で始まるのが最短ルートだったりします。

　ということは2回目の訪問でお伺いする際は、ハードルの高い案件が予想される訳ですから、それに対応できる社内のアサイン状況などを整理していけばよい訳です。

　逆に一番長いときになると、すでに何回もお会い頂いていて、そのうち「何回も来てもらってるのに、仕事にならなくてごめんなさいね。」なんてお言葉を頂くことができてきます。これは定期訪問の成功例です。お客様は会うと色々な情報がもらえるから会うのは歓迎、ただなかなか出せる仕事がない、こういう状況はよくあります。老舗の企業様になればなるほどそうで、すでに取引が固定化している外注もあるわけで、その中を割って入っていくとなるとこういう流れは普通です。長期戦はなかなか営業マンにとってやきもきしますが、アポイントが取れ続けるのであれば可能性は十分残っているので、諦めず訪問し続けることが大切です。

　どう考えてもソフトハウスとはお付き合いしてもらえそうにない難攻不

落な大企業やすごい会社でも、きっちりと基本を押さえて営業活動していれば必ず口座が開き取引が始まります。諦めずにじっくり攻略していけば必ず道は開けます。常にお客様がどんな情報を欲しているか考えて日々をすごすことを心がけてください。

会う回数が増えれば増えるほどコミュニケーションを取る機会が増えますので、まずは難しいことは抜きにして、会うことに徹してもらったらよいかと思います。今も昔も営業マンはある程度足で稼ぐことは必要で、どれだけITが進化してもこの部分だけは変わらないように思います。

3　品質について

お客様から継続して発注をいただけるかは、先の取引で満足したかどうかにかかっていると言っても過言ではないでしょう。

エンジニアがお客様先に常駐している場合や、請負として一つのシステムを開発し納品する場合も、満足頂けたのなら自然とリピート発注がくるものです。

開発工程や開発物に対して営業マンが口を挟むのは本来の仕事ではなく、営業の仕事は契約を取ってくることが一番の仕事です。そして、一番簡単な契約の取り方が、既存顧客からのリピート注文であることは間違いありません。

品質改善や、業務改善活動などで広く活用されているマネジメント手法のひとつでPDCAというものがあります。「Plan（計画）」「Do（実行）」「Check（評価）」「Act（改善）」のプロセスを順に実施していくものです。これは、リピート率をアップさせる方法としても使えます。

PDCAの「Check（評価）」として、派遣契約などでの常駐作業の場合や、持ち帰って開発の請負契約の場合も、「プロセスの監視」と「顧客満足度調査」は行うべきです。

エンジニアが派遣で開発を行っている場合は、定期的にお客様とコミュ

ニケーションを取り、エンジニアの評価を尋ねたり、改善点などがあれば教えてもらいます。そして、エンジニアとも定期的に連絡を取り、現場で問題がないか自己評価なども確認し、もし問題があるようであれば、「Act（改善）」できるように先に手を打ちます。

契約が延長になることは、営業にとって一番簡単に契約を取る方法です。
新規の契約を取ることに集中しすぎ、「プロセスの監視」を怠ったせいで契約延長を貰えないのは愚の骨頂です。

また、契約が終了した時点で、お客様からの評価を確認しておくことも大事です。
それにより、今後のリピート率が計れ、営業としても見込みの予定、「Plan（計画）」を考えやすくなります。
請負に関しても、品質が高ければ、自ずとリピート発注の確率が高くなるのは言わずともわかることでしょう。
品質とは、開発したシステムの品質だけを指すものではありません。スピーディーな対応やプロジェクトの進め方など、サービスそのものの品質を指します。
どのようにするとお客様に「満足」また、「感動」を与えることができるか。できることなら「満足」ではなく、さらに上の「感動」を目指しましょう。

開発が始まってしまえば、エンジニア達に作業は任せるしかありませんが、それでも営業として、自分が受注した案件であるということを忘れてはなりません。
「感動」を与えるためには言われていたことをやっているだけでは、「満足」してもらえても「感動」はしてもらえません。
営業として受注した仕事なら、例え営業マンはプログラミングができなくても、どのようにするとお客様に「感動」を与えるサービスができるかを真剣に考え、開発がスタートしたからといって任せっきりにならずに営

業マンも開発部と関わっていくべきです。

その理由がもう一つあります。それは、営業の仕事が案件を受注してくることともう一つ、「お金の回収」だからです。

品質も含め、開発のスケジュールは営業も途中で開発部に確認しておくべきです。

請求書を出すタイミングで、実はスケジュールが遅れていてまだ納品ができていなかったり、システムのバグが多く使い物にならないなど、請求書を発行するどころではありません。

営業として請負の案件を取ってきたのなら、開発するのはエンジニアの仕事であっても、請求書を発行しお金の回収は営業の責任と思い行動すべきです。

既存顧客からのリピートが一番、営業成績を安定させやすいのは事実ですので、契約を取った後のことは知らないとならないようにしましょう。

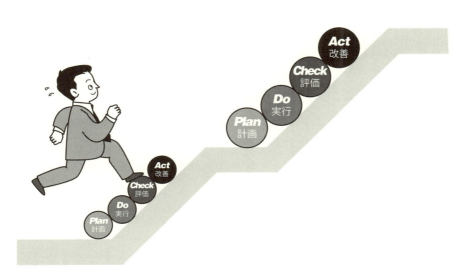

第5章 継続からリピート発注、そして紹介獲得

4　採用活動はソフトハウス営業の生命線

　ソフトハウスでは、採用活動が生命線と言っても過言ではありません。
　パートナー企業や派遣会社からエンジニアを借りている場合を除くと、単純に「自社のエンジニアの人数 × 一人当たりの単価 ＝ 会社の売上」になります。
　会社の売り上げを増やしていくためには自社のエンジニアの人数を増やしていかなければなりません。もし、人数を増やさずに退職者が出ると、会社としては年々売り上げを減らしていくことになります。

　ソフトハウスは中小企業ですので一人で何役も担当し、営業マンが採用活動も行っていることがよくあります。
　案件の受注数を増やすためには、エンジニアの人数が必要不可欠です。
　例えば、お客様から見積依頼をいただいても、エンジニアが全員、何らかのプロジェクトに従事し、当面の間プロジェクトが続くようなら、たとえお客様から良い話をいただいても断っていくしかなくなります。
　営業成績にもエンジニアの人数が直結しますので、営業マンも採用活動には積極的に参加すべきであると考えます。

　具体的な採用活動の方法をお伝えします。

・ハローワーク
　厚生労働省が運営する、就職支援・雇用促進のための機関です。無料で求人を出すことが可能ですが、ハローワークで優秀なエンジニアを採用するのは、難しいのが現状です。応募者の中から良いエンジニアに出会える確率は非常に低く、ほとんど宝探し状態です。それは無料の媒体ということもあり、多くのソフトハウスが求人を掲載しているため、倍率が高くなっているからです。
　また、エンジニアのお仕事はパソコンを駆使してのお仕事です。特性か

らもハローワークでは探さず、パソコンを使って Web の求人媒体から探すことも多いです。

・転職サイト

　転職サイトで有名なところは、「リクナビ NEXT」、「en ジャパン」、「マイナビ転職」、「イーキャリア」、「DODA」「@ type」「プロシーク」「日経キャリア NET」などがあります。
　エンジニアへの求人としての効果はハローワークよりは高いですが、基本的には最低数十万円の費用は見込んでおく必要があります。

・人材紹介会社

　人材紹介会社として有名なところは「リクルートエージェント」「マイナビエージェント」「パソナキャリア」「アデコの人材紹介」「DODA」「type の人材紹介」「JAC リクルートメント」などがあります。各会社がフィルタを掛け、自社にあったエンジニアのみをご紹介してくださるので、労力としてはハローワークや転職サイトより遥かに低いです。
　ただし、紹介していただいた方の採用が決まった際は、採用になったエンジニアの年収の 3 割～ 4 割の費用を人材紹介会社にお支払いすることになります。

・自社サイトからの応募

　自社サイトからの応募は、よっぽど目立っている会社でなければ当てにできないのが実情です。

・紹介

　自社エンジニアから知り合いなどのエンジニアを紹介して貰う方法です。会社側からすると採用費用がかからず、良い方と巡り合える可能性が高いです。
　ただし、紹介するということは、紹介したエンジニアが一人の紹介する

図表 5-1 求人媒体比較

就業者数 6,283 万人、完全失業者 233 万人、就業者のうち転職希望者 828 万人、転職希望者のうち実際に転職活動を行っている者 272 万人（12 月度）［総務省 労働力調査：2014 年 3 月 28 日発表分］

サービス名称	リクナビ NEXT	マイナビ転職	イーキャリア	DODA	@type	en	プロシーク	日経キャリアNET
運営会社	㈱リクルート	㈱マイナビ	ソフトバンク・ヒューマンキャピタル㈱	㈱インテリジェンス	㈱キャリアデザインセンター	エン・ジャパン㈱	㈱オープン・キャリア	㈱日経HR
掲載社数	約 3000 社	約 3500 社	約 450 社	—	約 450 社	約 1080 社	—	—
掲載件数 (3/31 現在)	約 5500 件	約 6000 件	約 1800 件	約 2350 件	約 1550 件	約 2800 件	約 900 件	約 1100 件
技術系（ソフトウェア・ネットワーク）	約 400 件	約 500 件	約 400 件	約 300 件	約 750 件	約 350 件	約 300 件	約 200 件
技術系（電気、電子、機械など）	約 450 件	約 300 件	約 100 件	約 180 件	約 130 件	約 300 件	約 120 件	約 250 件
営業	約 1500 件	約 1650 件	約 210 件	約 650 件	約 300 件	約 700 件	約 150 件	約 170 件
事務	約 800 件	約 800 件	約 250 件	約 350 件	約 50 件	約 500 件	約 80 件	約 200 件
クリエイティブ	約 400 件	約 450 件	約 380 件	約 150	約 100 件	約 180 件	約 20 件	約 10 件
会員数	約 420 万名	約 300 万名	約 90 万名	約 250 万名	約 180 万名	約 300 万名	約 45 万名	約 40 万名

※ 2014 年 3 月調べ

ワンポイントアドバイス

求人媒体は、地域特性や職種特性がある媒体が多い媒体が、例えば関東で登録数が多いとは限らず、関西でも登録が多いなど、全体の統計データから判断するのは危険です。各社の統計データから判断するのは危険です。各社の媒体担当者とお会いして話を聞きましょう。

エンジニアの人生に深く係わるということになります。自社で勤めるエンジニアが紹介したいと思えるだけの会社への信用と信頼、愛情がなければなりません。

　採用活動の方法をお伝えしましたが、ソフトハウスに限らず、IT業界全体で優秀なエンジニアに対して取り合い合戦が繰り広げられています。成績を伸ばすためには、採用活動も営業マンの戦いの場であることを、ソフトハウス営業なら知らなければなりません。

5　慣れた頃にサボり癖

　人間は普通に活動していれば絶対にサボります。人間の細胞がそうなってます。使わなくなった細胞は退化しますよね？　ここでそれを詳しくは説明しませんが、そもそも人間は細胞レベルでそうなってるわけで、サボりは人間の本質なのです。メンタルを見てもそうですよね。誰もが楽して稼ぎたいという願望はどこかに持っているし、年末になると長蛇の列ができるほど、宝くじが売れたりします。
　本題に入りますが、この厄介なサボり癖をどうコントロールするか、これが営業活動において一歩上いく大事な取り組みなのです。
　そもそもどこからがサボりなのか、そのラインを定義したいと思います。

・サボりの定義
　結論から言えば自分にも他人にも嘘をついてる状態がサボりだと思います。
　当然サラリーマンなら会社から、「それはダメでしょ…」とツッコミが入るレベルの行動はサボりです。でももっと大切な事があって、自分を騙す、自分に嘘をついている状況がサボりの本質だと思います。
　冷静になった時に「私は何をしているんだ…」「無駄な時間をすごしてしまった…」と思ったらサボりです。

完璧な人間など存在しないので、時々サボりたくなるのが普通だと思いますが、会社からお給料をもらっている限り、社員全体で稼いだお金を給料としてもらっているわけです。会社に説明できないような時間の使い方はNGです。

・サボりの仕組み
　そもそもなぜサボるか、そこを考察しましょう。
　端的に言うと暇、時間があるからサボるのです。裏を返せば時間がない人はサボれないのです。そう考えると実は簡単なのですが、慣れてくるとあらゆることに対して怠惰になったりします。その心の緩みが問題です。仕組みが単純なだけに対策が難しいのです。
　時間以外の要素があるとすれば会社や組織への不満、やらされてる感が強い業務などが原因になっていることが多いです。
　人間は考える機会がないと飽きてサボる生き物なので、適度に忙しいくらいがよく、物事をよく考える機会が必要です。
　「ああしてみてはどうなんだろう？」
　「もしかして、こうやってみたら変わるのでは？」
　変化が成果につながるような思考パターンが常に出るようになれば、楽しくなって時間が惜しくなります。好きこそものの上手なれ、と同じ理論です。楽しくない、やらされている感、余計な時間、このあたりがサボりの根源だと思います。

・サボり防止法
　第1章で記述しているとおり、キチンと予定を組んで行動していればサボる時間がなくなります。私たちもいままでまったくサボったことがないかといえば嘘になります。サボりも経験しています。ここでは話せないサボりも過去にありました。だから机上の空論ではなくお話できるのです。
　サボっていたときは圧倒的に時間がありました。当時はいまほどやることの幅も狭く、正直時間をどう消費するのかと考えることが必要なくらい

でした。いまとなればやることはたくさんあったと反省できますが、そのときはまったく気づかず、あとになって思い返すと、当時の自分を殺したくなります。会社のノルマがどうとかそういう枠だけで仕事しているとダメです。当然会社が掲げる目標は達成することは必須です。それ以外にキチンと自分の目標を設定することで、ぶれない軸を作りそれを守り行動していくことが大切です。

　最終章の中で取り上げますのでここでは少しだけふれますが、サラリーマンという意識は持たないほうがよいです。自分で会社を経営しているくらいの意識でモノを考えてやるほうが、同じ仕事を取り組むにしてもまったく違ったモノになります。経営者なら数字は切実な問題です。それを疑似的に体感するように自分にノルマを課すのです。

　自分が経営者という意識にすることでまず愚痴が出なくなります。愚痴を言っても誰も助けてくれません。これがすごくよいのです。ご自身の周りにいらっしゃいませんか？　すぐに無理だと愚痴る人。無理だと決めてしまえばそれまでで、それ以上の能力がつくことはありません。常に限界に挑戦し続けるアスリートのようでなければ、チカラはつきません。まずは「無理」だという言葉は封印してください。

　これだけで十分変わってきます。そして自ずとサボらなくなります。

COLUMN

接待ではなく情報交換と団欒

　営業マンにとって接待はつきもの。最近では業界によっては接待が禁止されたりするところも出てきているようで、ビジネスのあり方も変化していますが、私たちの業界はいまだに接待というものが存在しています。また営業マンにとっては億劫になる方もいらっしゃると思います。それは捉え方やその場の意義が違うから起こる問題だったりします。ここで接待の成功術みたいなものを書けるほど接待上手でないので、ライトに感じていることや、こうすべきじゃないかなということを、取り上げてみようと思います。

・露骨に仕事の話をするのは NG
　接待は仕事をもらう場ではなく、友好関係の発展を願う食事会であったりゴルフであったりする機会だと思います。食事なのかゴルフなのかは他にも色々ありますがそれは割愛して、貴重なお時間を頂いていることを忘れてはいけません。
　ただ恐ろしいのがこの業界で、これは内輪の話ですが、

　　　接待＝発注

だと思っているエンジニアや営業部門以外の方が少なからずいらっしゃいます。これは経験上申し上げているので間違っていません。
　例えば、夕方に会議があって、その後の予定に接待が入っていたら、会議が終わった後に、
　「今晩接待なんだね、経費使うし、その分取ってきてね。」
　こんな風に簡単に言われることがあります。ただこう言われると、営業マンによっては真に受けて「仕事取ってこないと！」なんて思ってしまうわけです。そして接待の場で露骨に仕事の話を切り出す。ガツガツ仕事の話をする最悪の接待が完成します。若い営業マンだと目

上の人に言われたことを鵜呑みにするケースも出てくるので注意が必要だと思います。接待に限らず、先輩社員が後輩に話をするときは気をつけたほうがよいという一例でもあります。

・**接待はくだけた情報交換の場である**
　本章2節でも取り上げた内容ですが、接待は食事をすることがメインではなく、話を肴にお酒を飲んだり、おいしいモノを楽しむ場です。そうなるとボキャブラリーが乏しい営業マンには向かないお仕事です。やはりある程度どんな話題でも対応できるような知識や経験は必須です。でないと聞くばっかりになって話すばかりの相手も疲れてきます。
　特に若い営業マンが背伸びして接待をする際は、事前準備をしたほうがよいです。どんな話題が出るかや、逆にどんな話題なら対応できるかを考えて、その話題に引き寄せるようにすれば比較的楽に進むかもしれません。一方的な会話になることがないように、キチンと「情報交換」できるように努めてください。
　私も以前、メーカーの上役の方と食事に行った際に、教えてもらうばかりで経験不足を体感したことがありました。いまとなっては良い勉強をさせて頂きましたが、そのときはアルコールが入ったことも手伝って、ほぼ説教を受けるような形になりました。そのときは苦痛だったですが、経験を重ねる上であの経験があったことで気づけたことがたくさんあるなと、いまでは良い思い出になっています。
　失敗やうまくいかないことは貴重な経験です。後々の笑い話になることを期待して、楽しんで取り組みましょう。

・**「オフレコで」**
　このフレーズが接待の良さを表現している言葉だと思います。普段

は聞けない会社内の力関係であるとか、誰々は間違いなく出世すると
か逆もしかりで、普段日中では出ないお話をお伺いできるのが醍醐味
です。この手の雰囲気になった際に気をつけたいのが、愚痴や批判で
す。自分の口からはこの手の話をまず出さないようにしたほうが無難
です。相手はどこに通じているかわかりません。絶対に悪口やネガティ
ブな人の噂などの話をしないようにしましょう。口は災いの元です。

・**一番大切な事**

　就業後の夜やゴルフだと休日だということもあるかと思いますが、
相手のお時間を頂戴していることを忘れてはいけません。

　自分の時間も削っていますが、なにより先方のお時間を拘束してい
るのです。ありがとうと感謝の気持ちを必ず持ってください。

　しかし上記とは逆のお話になりますが、ソフトハウス営業として接
待がどうしても必要かと言えばそうではありません。営業マンなら誰
しも一度や二度は経験があると思いますが、そこまでして仕事をもら
うくらいなら、しんどい思いもするだろうけど、必死になって新規顧
客を探し出して、自分が納得できるまで営業活動をして足りない分を
リカバリーするほうがよほど精神衛生上よいかと思います。飽くまで
も仕事に直結する行動ではなく、友好関係を深めるものが接待だと仮
定すれば、心が折れる接待はすでに意味が違うわけです。それは単純
に相手の欲望を満たしているだけで、それは一過性にしかすぎません。
継続する可能性は低いでしょうし、思い切ってお断りするのも英断か
もしれません。

　人間関係の形成より大切なことはないと思います。みなさんの貴重
なお時間をどこにどう使うか、考えるきっかけになると幸いです。

　かく言うこの書籍を書いているもう片方の著者は、ほとんど接待を
しません。お客様から飲みに行こうよ、と誘われるまで飲みにも行か

ず、自分からお客様を誘うことがないような人物ですので、接待がどうしても必要なのではない、という一例になるかもしれません。
　納得できる答えを出して、納得できる営業をしましょう。

第 6 章

自分スタイルで強くなる

1　自分スタイルの営業の前に

　成績優秀な営業マンは、必ずと言ってよいほど自分の営業スタイルを持っています。

　著者2人もソフトハウス営業としてきちんとした成績を収めていますが、営業スタイルは全く違います。
　一人は、ソフトハウスに勤めながらもシステムに関して知識は乏しく、パソコンも苦手。ただし、話しの上手さと行動力でお客様を魅了し、お客様からの信用と信頼を得ています。
　もう一人は、営業ながら口下手。ただし、最先端のシステム知識や業界の流れに詳しく、お客様と話しているうちに、お客様に教える立場に回り、お客様からの信用と信頼を得ています。

　話し上手な営業。聞き上手な営業。足で稼ぐ営業。仕掛けで稼ぐ営業。接待上手な営業。
　営業マンは、成績を残せる者が認められます。
　道徳・人道に反しないのであれば、どんな営業スタイルでもよいと思います。
　ただし、それは基礎があってのことです。
　「自分の営業スタイルには合わない」からと言って、基礎を疎かにするのは愚の骨頂です。
　サッカーでも、ディフェンスが得意な選手もいれば、ストライカーもいます。
　ただ、どの選手も走り込みやドリブルの練習など基礎を疎かにはしないでしょう。どんなにパスが得意だと言っても、体力がなければ試合で使ってもらえないでしょう。
　営業にも同じことが言えます。
　二人の著者の営業スタイルが全く違うと言っても、基礎は同じです。

レスポンスが早い。気配りをする。第一印象に気を払う。約束を守る。

これまで以下のことをお伝えしてきました。
序章では、IT業界について、そしてソフトハウス営業が何か。
第1章では、新規アポイントの取得方法や、ソフトハウス営業としての最低限知らなければならない業界用語などのキーワード。
第2章では、営業としてのマナー。
第3章では、法律や契約書について。
第4章では、トラブル対応方法について。
第5章では、継続性の大切さ。

ここまでの内容には、ソフトハウス営業としての知識や営業ノウハウ、心構えなど最低限必要な基礎が書かれています。
第5章までの内容ができて、初めて個々の営業スタイルが作れるのです。

2　自分スタイルの作り方

　自分の営業スタイルの作り方は、基本的には自分の「強み」を伸ばすことに尽きます。
　同業他社の担当者には負けない武器を手に入れる。そのためには、自分自身を知る必要があります。

　例えば、私の性格上、「好きなことへの学習欲が強い」「情報の収集癖がある」「新しい物への適応能力が高い」「想像・アレンジ力がそこそこある」「決めたときの行動力が高い」「パソコンが得意である」ということが強みにあげられます。
　私は、普段からIT関係専門のニュースサイトは目を通すようにしています。ただ最新の情報を手に入れただけでは、単なるウンチクにしかすぎず、武器にはなりません。

そこから、プライベートの時間を使って、実際に自分でアプリやホームページ、ブログなどを作ったり、注目されている新しい技術が出てきたりすると試したり、先に試したエンジニアに話を聞くなど、新しい技術や情報に対し、生きたノウハウとして蓄積していきます。
　ニュースで得た知識だけなら表面上のことしかわかりません。実際にデベロッパー専用のページを読んだり、規約を読んだりしながら、掘り下げていきます。
　このように、生きたノウハウを貯めることでお客様から頼られる存在になり、お客様も一緒に仕事がしたいと自然と思ってもらえ、受注が自然と集まってくるのが私のスタイルです。

　また、もう1人の著者は、「話上手で色んな人と話すことが好き」「話力を伸ばすことが好き」「人への興味が尽きない」「決断力がある」「行動力が高い」「面白いと思えたならチャレンジしたい」「言い難いことをさらりと言う」ということが強みにあげられます。
　プライベートの時間を使って、色んな人と食事に行き友好をはかると同時に、合う方から更に色んな知識や考え方を吸収していきます。そして、更にトークの幅が広がり、どんどん友好の場を広げていき、お客様はこの人と一緒に仕事ができたら楽しいのではと思って頂けたり、また、間近で見る決断力や行動力から自然とお客様からの信頼を得ていくスタイルです。
　私たち二人の場合は、強みというよりはプライベートの時間を自分の好きなことに費やした結果、営業スキルを伸ばしていると言ってもよいかもしれません。

　また、他の営業マンの例でいうと「レスポンスが早い」「誰よりも訪問件数が多い」という2点から、好成績を上げている方がいます。
　訪問件数が誰よりも多いということは、それだけ同業種へのネットワークが広く、そしてレスポンスが早いだけでも、突き詰めれば他社に負けな

いお客様からの信頼に繋がります。

　営業としての基礎をきちっと固め、好成績が収められるようになると、自然とその人の性格が営業スタイルに表れ作られてくるものです。

　また、営業スタイルが違えども優秀な営業マンからは盗めるところはたくさんあります。私も共同執筆者のトークの一部を、こっそり盗み使わせてもらっています。そして、保険の営業マン、ハウスメーカーの営業マン、転職サイトの営業マンと成績優秀な営業マンとは業界問わずに、仲良くさせて頂いています。

　例えば、保険の営業マンから「年末に卓上カレンダーを配るときに、奥さんやお子さんの誕生日にシールを貼っている」のを目の当たりにすると、訪問中「結婚記念日をよく忘れる」と話していたお客様に、印をつけた卓上カレンダーを配るなど、業界が違えども盗めるテクニックはたくさんあります。

　営業マンは、どの職種よりも人脈を増やすことができる仕事です。積極的に、ぜひ優秀と思える方との交流を深め、そして自分スタイルに取り入れられそうなところはどんどん盗んでいきましょう。

第6章　自分スタイルで強くなる

3　自分スタイルに溺れない

　本書も終盤になってまいりました。前項では「自分スタイルの作り方」について記述しました。十人十色あらゆるスタイルがある中でどんなスタイルであれ、これだけは忘れないでほしいということをこの項で取り上げます。
　成功している、成績優秀な営業マンは、その過程で必ず自分に酔うタイミングがやってきます。
　「こんな仕事楽勝だな」なんて、浅はかな発想になったりします。
　それも経験ですし、後になってよい経験だったと振り返ることができますが、まず自分のスタイルを確立していく過程で、うまくいってもさらに進化する発想を持ってください。本書では強みを伸ばすことを推薦していますが、最終的には自分の得意分野ではないスタイルで活動したとしても、平均レベル以上のパフォーマンスが出るくらいになることを願っています。

・常に勉強という意識

　歳を重ねてくると自ずと学習意識が下がってきます。体の機能が退化していくのですから当然です。培った経験でカバーできる範囲が広がって、そのまま惰性でも何とかなったりしてしまいます。それで何とかなってることに安心して、何も学ばないのは危険信号だと思ったほうがよいでしょう。ただでさえ動きの早い IT 業界の中で、あぐらをかいて仕事をしていたら、一瞬で存在価値など崩壊します。
　まずは、良いモノは貪欲に取り入れる意識を持ってください。すごいと思ったものは年下の営業マンだろうとなんだろうとマネてみたり、シミュレーションしてみることを続けていると、毎年どんどんと入ってくる若手にも負けないはずです。驕り高ぶらず、常に謙虚に、こういう意識を永続的に持ち続けていくことをオススメします。歳を重ねて経験を積んでいくと必ず自分の成功パターンができてきます。それはそれでよいのですが、

今日成功したパターンは明日には成功しない可能性があります。
　「自分スタイル」に疑いを持つことが自分スタイルの維持につながります。

・危機感を持つこと

　自分のスタイルができあがっていく中で、実践してほしいことがあります。それは他業界の営業マンと交流を持つことです。これは非常によい振り返りになります。同じ業界の営業マンはどうしても目指しているところが同じなので、似たような発想になってしまいます。
　人より上に行くのは最初は真似ることからでよいですが、途中追い抜く際は、必ず人と違うことを実践しなければ高みに到達できません。
　貪欲に考えていると、どんどんと活動範囲が広がって、他業界の面白い営業マンに出会う機会も増えてくるはずです。
　その機会を天からの恵みだと思って、色々参考にするクセをつけると非常によいと思います。
　私も昔からの友人や新しい出会いからいつもその方々の考え方や方法などを参考にさせてもらっています。私たちの業界よりもっと厳しい競争にさらされている業界はたくさんあります。そういう業界にいらっしゃる方のほうがより営業スタイルを突き詰めて考えられていたりするので、話を聞いても参考になることばかりです。
　明日はわが業界も同様に厳しくなるのではないか、そのときにはどうするのか、どう乗り越えるのか、そういうシミュレーションが自分を高めてさらなる進化の一助となるのです。
　営業マンに限らずではありますが、常に危機感を持って取り組むことで、より洗練されたスタイルができあがっていく、危機感は人を育てる重要なファクターなので、これをベースに考えるクセをつけてもらうと、日々の成長は間違いなく早いものになります。

・自分スタイルの一例

　お中元・お歳暮については、会社によって対応も様々だと思いますが、最近ではそういうモノの受け取りを公には禁止している会社も出てきました。

　しかし意外とそういう会社様であっても受け取ってくれたりするほうが多いです。どんな人でも贈り物をもらうのは嬉しいものだと思います。夏と冬のある時期（だいたい7月と12月）に会社で一斉に取り組み、一律にギフトを郵送したりお持ちしたりと、街中でもそういう袋を持っているサラリーマンをよく見かけます。私はこの文化がすごく素敵だといつも思っています。

　さてこの贈り物の対応ですが、私はルールを設けています。他の会社様でも実施されている会社さんもあるかと思いますが、まず協力会社（ビジネスパートナー）様でお付き合いのある、お世話になっている企業様にこちらから贈り物をするようにしています。

　お客様にお送りするのが一般的で、協力会社様にお中元やお歳暮を送る会社は少ないと思います。そこがポイントなのです。人がやらないであろうことを実践するほうが目立ちますし、効果的です。感謝の気持ちも何に埋もれることもなく、ストレートに届きます。協力会社様には日頃無理なお願いをしても快く対応してもらうことも多いはずです。こういう機会に少しでもお返しをしておくべきです。

　また特にお世話になっているお客様には、個別でご自宅のご住所をお伺いして、直接個人宅にお送りするようにしているのですが、特に個人宅に送る際は最大限喜んでもらえるような品物選びをしています。会社からお中元やお歳暮というと、一律同じ品物を送ったりが一般的ですが、私は必ず毎回一人一人違う品物を選んでお送りするようにしています。そのときに役に立つのがお客様のデータベースに登録してある情報です。家族構成がどうなのか、何がお好みなのか、特にお世話になっているお客様だけに情報も多いので迷うことは少ないですが、喜んで頂きたいので熟慮するようにしています。

例えば本人はお酒が好きだけど、奥様が主導権を握ってらっしゃるようなご家庭で子供さんが数人いるようなご家族であれば、当然お酒をお送りするより、ご家族で召し上がって頂ける、かつなかなか自分からは買わないような高級なフルーツであったり、逆にご家族がいらっしゃっても食に興味のない方でお酒好きの方であれば、自分では買わない少し高いお酒をチョイスしたり、その人に何を贈れば一番喜んで頂けるかを考えて贈ることが大切だと思います。

　本人ではなくご家族が喜ぶことでパパの株が上がることがよいことなのか、はたまたご自身の趣味のモノがよいのか、そのためには日頃からアンテナを張り、情報をキャッチすることが不可欠です。

　お客様にどうやったら喜んでもらえるかを毎日考えていれば、自ずと気づくはずです。すぐに効果は出ないかもしれませんが、継続することで強固な人間関係ができあがります。是非実践してみてください。

　またここで取り上げたこの一例も、業界が禁止してしまえば使用できなくなるテクニックです。

　そうなったときは代替案はあるのか、常に貪欲に考えることでさらなる案が浮上してきます。

　私はすでにもう代替案を考えており、すでに試験的に実践してみたりしています。代替案についても記載したいところではありますが、ページの都合上、またまだまだ実験段階の代物なので、本書ではご容赦ください。別の執筆機会に間に合えばご披露したく思っております。

4　心を動かす魅力的な営業

　みなさんが心動かされる・感動する瞬間ってどんなときでしょうか？人によってさまざまだと思いますが、どんな事例にあったとしても共通していることがあります。

　想像を超えるときに心は動かされ、感動を得るのです。それは優しさやひたむきさに触れたときだったりもします。

営業も同様だと思います。感動を売ることができるような営業マンになるのが、まさに本書の最終目標です。

想像を超える瞬間が短期的、もしくは長期的な取り組みの賜物なのかは、その時々に応じて違うと思いますが、今まで申し上げてきたことがまずベースになります。その上でご自身が何をするのか、どう取り組むかで心を動かせるレベルに到達すると述べてきました。

人それぞれ好みも違えば趣味嗜好など千差万別ですので、万人に適用されるテクニックはありません。ただ大多数の人を納得させられることは可能です。

日々コツコツと細かなことの積み重ねがチカラになり、お客様や関係者には見えない努力ではありますが、そういう物が空気で伝わるようになります。努力されている方、日々鍛錬されている方とは波長が合うのですから、自ずと伝わります。

最後に一番大切なこと、それは人間的に愛されることです。本書の序章でも触れた内容です。

「人間的に愛される」

言葉にしてしまえばすごくシンプルで簡単に見えます。だたこれが一番難しく、おそらく人生最大の課題です。

端的に申し上げますと、いくら話すのがうまくて、いくらプレゼンがうまくても、人の心に残らない、心を動かすことのできない営業マンは失格なのです。人が人に会ってビジネスが発展していくのですから、必ず人間的な魅力が営業成績にも反映されます。

また各社・各人色々な事情もあるとは思いますが、魅力的な営業マンの条件で絶対にここだけは外せない条件があります。

簡単なことのようで難しくもある、「仕事を楽しむ」ということです。

著者の2人は境遇も違えば役割も違いますし、ソフトハウスの営業ということ以外の接点は少ないですが、2人に共通して言えることはこの部分

です。どれだけ大変な状況だろうと苦難が待ち構えていようとも、笑い話にしたり大変な事案を面白おかしく説明したりしています。

　置かれている状況が大変であることを逆手に取って、笑いに変えるくらいになれば、自ずと道は開けます。

　いつもネガティブなことを言う人、後ろ向きな発言をする人をお見かけしますが、営業マンとしては何のプラスにもなりません。

　会社の愚痴を言う人、周辺環境にいつもダメ出しをする人は、その人の周りにも似たような人が集まってきます。

「景気がよくないから売れない。」

「会社に武器がないから売れない。」

　思い当たる方がいらっしゃいませんか？

　これは一つのバロメータです。

　志の高い人の周りには必ず志の高い人が集まる。

　これは一番の肝です。

　心を動かす魅力的な営業とは、些細なことからコツコツ積み上げて、積み上げて、積み上げてできあがっていきます。

　シンプルなことこそ難しく、継続することが難しい。

　だから常にこのことを念頭に置いて、時々自分を見つめなおし、また努力し、そうやって重ねていくことで自分の魅力を高めていくのです。

　私はよく悩んでいる方にこう質問します。

「今のあなたがもう一人にいるとしたら、おつき合いしたいと思いますか？」

　恋愛にも適用できるようなお話ですが、自分の分身を愛せないようでは、人には認めてもらえないです。

「魅力的な営業マン＝かっこいい」と思える、自分の分身を愛せる。自分自身が自分を好きになれるような人間になってください。

「俺って（私って）かっこいいよね。」

　そう思えるようになってください。

それが魅力的な営業マンへの近道です。
　自分で評価した自分を好きになれれば魅力的な営業マンにきっとなれるはずです。
　幸運を祈ります。

おわりに

　ここまで IT 営業としての心構えから各種ノウハウ、多岐にわたりご説明させて頂きました。
　序盤は基礎的な内容でソフトハウスの営業とは何をするのか、ソフトハウスとはそもそも何なのか、事前準備からアポイントについて、実話を元にしたエピソード、中盤は実際にお客様とのやり取りから、ソフトハウスがかかわる法律面での考察、トラブルの対応についてなど、終盤は継続した営業活動のリピート発注から自分スタイルの作り方について書かせて頂きました。
　100 人いれば 100 人個性があって、どんな仕事にも言えることかもしれませんが特に営業は面白い仕事だと思います。

　この本を執筆するにあたって、原点に立ち返ってなぜこの仕事を選んだのかを考えました。別に子供の頃から営業マンになりたくてなっているわけでなく、気がついたら営業マンになっていたのが本音です。おそらく将来の夢が営業マンって子供はほとんどいないでしょうし、人気のある職種でもないと思います。
　ただ実際にやってみると奥は深いし、様々な方々とお会いする度にワクワクします。たくさん職業があってそれぞれに魅力があると思いますが、営業職の仕事も大変面白く、興味深く、笑いもあり、涙もあり、たくさんの経験をさせてもらえる素敵な職業だと思います。
　とりあえず愚痴らずストイックに取り組んでみてください。

　ここまで色々とお話させて頂きましたが、私たちの経験をまとめたこの書籍を一つのエッセンスとして、営業の一助となれば幸いです。
　まだまだ書きたいことはたくさんありましたが、本書ではベーシックなところから少し発展したところまでをカバーしました。これから先も私た

ちは成長し進化していきます。その過程でまた書けることが集まった際には是非続編として取り組みたいと考えております。

　最後に、右も左もわからない私達に丁寧にご指導頂き出版の機会を下さった日刊工業新聞社　書籍編集部の鈴木様をはじめ、法律に関する部分の監修を頂いた弁護士の髙木寛史先生、全体の誤字脱字のチェックから校正までお手伝い頂いた石倉高さん、日々の営業活動を見守って頂いている関係者の皆様、そして、執筆中温かく見守って支えてくれた家族には感謝しております。
　皆様の支えがなければこの本は生まれなかったと思いますし、ここまでやってこれなかったと思います。
　またいつの日にか成長した私達が新たなノウハウを持ち、披露できる日をお待ちください。
　最後までお読み頂き感謝を申し上げます。
　皆様、本当にありがとうございました。

〈著者紹介〉

● 迫頭 健（さこがしら たけし）

「ココロを動かす営業がモットー」
株式会社ブリリアントサービス　大阪開発部営業課所属。
大阪府岸和田市在住の情に厚い泉州生まれ泉州育ち。
大学卒業後内定していた上場企業の研修時に上長に啖呵を切って数日で退職、その後フラフラとしていた期間はあるが、一念発起し初めた仕事が生命保険の営業、それを皮切りに営業職を始めて、その後IT業界に入る。
「コミュニケーションとは共通項の多さである」が持論のため、ギター弾き語り、ボディボード、ゴルフ、鉄道好き、競馬予想などと趣味は幅広く、仕事の話はもちろんのこと、たくさんの知識を活かしてどんな方とでも成立する雑談力で新しい道を切り開いたり、独自の発想で特許を取得したりと活動は多岐に渡る。
最近は知らない会社様からの紹介が舞い込むことが多くなり、多忙ながらも素晴らしく楽しい営業人生を送っている。
IT営業は天職だと信じて止まない34歳（1980/12/30生まれ）。

● 金城 南秀（かねしろ なんしゅう）

「カクゴの数だけ成長がモットー」
MACASEL株式会社　営業部所属。
大阪府東大阪市生まれ。堺市在住の根っから関西人。
元々パソコン講師として3年間勤務し、Office系ソフトとWEBデザインを担当する。
話好きパソコン好きという性格からIT業界に営業として転職する。
ソフトハウスに転職後の2年間は成績が悪く、いつ辞めようかと考えながら働く。
「幾つかの気付き」と「幾多の覚悟」により3年目から急成長を遂げる。
2011年度：129％、2012年度：134％、2013年度：130％と3期連続130％前後の数字を達成しつつ、勉強を兼ねてプライベートでも色んなプロジェクトを動かす。
現在は、ITエンジニア派遣営業、システム提案営業、プロジェクトマネージメント、講演活動、採用活動など業務の幅を広げ、忙しい毎日を送る32歳（1982/12/29生まれ）。

自分スタイルで強くなる！
ソフトハウス営業の教科書　　　　　　　　　　NDC336

2015年1月27日　初版1刷発行　　　　（定価はカバーに表示してあります）

　Ⓒ　著　者　　迫頭　　健・金城　南秀
　　　発行者　　井　水　治　博
　　　発行所　　日刊工業新聞社
　　　　　　　　〒103-8548　東京都中央区日本橋小網町14-1
　　　電　話　　書籍編集部　03（5644）7490
　　　　　　　　販売・管理部　03（5644）7410
　　　ＦＡＸ　　03（5644）7400
　　　振替口座　00190-2-186076
　　　ＵＲＬ　　http://pub.nikkan.co.jp/
　　　e-mail　　info@media.nikkan.co.jp
　印刷・製本　　新日本印刷（株）

落丁・乱丁本はお取り替えいたします。　　2015 Printed in Japan
ISBN 978-4-526-07355-7

本書の無断複写は、著作権法上の例外を除き、禁じられています。

● 日刊工業新聞社の好評図書 ●

モノづくりを支える「管理会計」の強化書

吉川　武文　著
A5判280頁　定価（本体2200円＋税）

「会社は何を目標に活動すべきなのか？」「会社の事業と技術開発活動をどのように整合させるか」など、会社の事業には、すべて会計的な知識が必要。本書は、会社の事業運営に活かすために注目されている「管理会計」の基礎知識について、製造業で働く人のために、物凄くわかりやすく紹介する本。適切な管理会計の仕組みを理解し、会社を「強化」しよう。

【目次】
Part 1　世界の会社の共通言語・お金
　第1講 製造業の2つの宿命　製造業は固定費業
　第2講 コロンブスの成果報告　貸借対照表の成り立ち
　第3講 お金を借りたらタダではすまない　利益目標は資本コスト
　第4講 会社を活かすも殺すも固定資産　財務安全性と固定資産
　第5講 私の給料はどこに？　損益計算書に感じる疑問
Part 2　本当にコストダウンになってますか？
　第6講 誰だって早く会社を黒字にしたい！　損益分岐点と固定資産
　第7講 そのコストダウンは順調ですか？　原価差異とPDCA
　第8講 在庫はお金のかたまりだというけれど　正しい安全在庫の判断
　第9講 第三の原価計算？　全部原価計算vs直接原価計算
　第10講 期末在庫なんかどうでもよい　在庫回転率のワナ
　第11講 会社を迷走させる方法　差額原価と埋没原価
Part 3　そのプロジェクトをどう評価する？
　第12講 設備投資は決意表明！　設備投資評価という壮大なはったり
　第13講 本当は怖い自動化の話　見果てぬ夢「自動化工場」
　第14講 技術者よ大志を抱け　研究開発という名のビジネス・プロジェクト
　第15講 何がカイゼンを駄目にしたのか？　労務費管理とカイゼン
　第16講 お金が尽きたら会社は終わり　費用の繰延とキャッシュ
Part 4　地球の未来と会社の未来
　第17講 今度こそ石油がなくなる？　材料費突出の背景
　第18講 気候変動という巨大なニーズ　危機か？　チャンスか？
　第19講 指標が行動を変える　会社の付加価値が見えた！
　第20講 ニーズは会社の外にある　製造業の責任と可能性